Adolf Bastian

Zur ethnischen Ethik

Separat-Abdruck aus Indonesien

Adolf Bastian

Zur ethnischen Ethik
Separat-Abdruck aus Indonesien

ISBN/EAN: 9783744649780

Hergestellt in Europa, USA, Kanada, Australien, Japan

Cover: Foto ©Suzi / pixelio.de

Weitere Bücher finden Sie auf **www.hansebooks.com**

ZUR

ETHNISCHEN ETHIK.

VON

A. BASTIAN.

SEPARAT - ABDRUCK
AUS
INDONESIEN,
IV. LIEFERUNG (EINLEITUNG).

BERLIN
FERD. DÜMMLERS VERLAGSBUCHHANDLUNG
1889.

Bei der Ethnologie, als vorbereitendem Studium für eine naturwissenschaftliche Behandlungsweise der Psychologie (in der „Lehre vom Menschen") handelt es sich zunächst um eine Dreiheit principieller Axiome, und zwar um die folgenden: um den Ausgang vom Gesellschaftsgedanken (des Zoon politikon), um die Bedingungen desselben unter den Agentien geographisch-historischer Umgebung, und um die Verwendung comparativ-genetischer Methode im logischen Rechnen der Induction (unter Controle der Deduction). Gestetigt bei objectiver Umschau durch den Ansatzpunkt im Gegebenen mag dann das Denken, unter Integrirung des Selbst nach den Verhältnisswerthen eines (unabhängigen) Theilganzen, mit wachsenden Fähigkeiten allmählig fortschreiten bis auf Begabung mit einem höheren Calcul, zum Verständniss gesetzlicher Harmonien (jenseits der Schranken von Raum und Zeit), um im Unendlichen die Ursächlichkeit zu ergründen, „quae ex infiniti fonte oritur" (s. Leibniz), in alldurchwaltenden Gesetzen (des Kosmos). Nur der Schein eines Seins (cf. Herbart) erscheint, und was bei Generalisationen die Speculation sodann aus metaphysischer Verzweiflung über täuschende Maya, zum nichtigen Spiel der Negationen weitergeführt hat, wird sich in einem „naturwissenschaftlichen Zeitalter" durch Sichtung der Einzelnheiten klären lassen (nach Zutritt der Psychologie als Naturwissenschaft).

Im Alter siecht Alles dahin, in Stagnation niedergehend, gebrechlich zum Untergang. Aber schon ist die neue Generation geboren künftiger Welt, und so im Saturninischen Zeitalter dauert das paradiesische fort, „Jove nondum barbato", bis der Gott dann die Herrschaft ergreift, und fortan die Verantwortung eintritt, im strengen Regiment.

Streng und ernst, auf Genauigkeit, ist die Anforderung gestellt in solch' naturwissenschaftlichem Zeitalter inductiver Methode, und „der Fortschritt des Wissens liegt im Ausverfolg der Methode, wichtiger als theoretische Gelehrsamkeit" (b. Comte), im logischen Rechnen (auf thatsächlicher Unterlage).

Jetzt im ersten Beginn einer mächtig neuen Wissenschaft, die sich uns zu eröffnen verspricht, bedarf es geduldiger Entsagung zum Abwarten gereifter Früchte aus den Wurzeln dessen, was heute erst gepflanzt. Und hier, im Drang des „geheimen Bautriebs" (s. A. Lange), verirrt sich dann leicht die von der Naturphilosophie befreit erachtete Naturwissenschaft dennoch immer aufs Neue wieder in metaphysische Ingredienzen hinein

a *

(im Heissgesporn der Hitzköpfe). „Men cannot, or at least, they will not, await the tardy results of discovery they will not sit down in avowed ignorance. Imagination supplies the deficiencies of observation. A theoretic arch is thrown across the chasm, because men are unwilling to wait till a solid bridge be constructed" (s. Lewes). Am Anfang des logischen Rechnens heisst es die Elementar-Operationen erlernen (der vier Species zunächst), und dann mag einstens vielleicht die Fähigkeit gewonnen werden, fortzuschreiten bis zu Unendlichkeitsrechnungen (in naturwissenschaftlicher Psychologie).

Die in der Culturgeschichte eines Volkes angetroffenen Systeme der Philosophie bringen die (bei dem Naturstamm in mythologischen Bildersymbolen wogende) Weltanschauung (nach jedesmal herrschender Stimmung) zur Darstellung, und vertreten insofern die Religion der geistigen Aristokratie (unter den Gesellschaftsschichtungen), etwa in der Form einer Religionsphilosophie.

Mit dem gesammten All hat dann die Psychologie, als das im schaffenden Individuum bewegende Agens, mehr weniger bewusst (oder unbewusst) eingeschlossen zu liegen, verknüpft mit den höchsten und letzten Fragen (für Anfang und Ende).

Seit der durch Herrschaft einer dogmatischen Theologie erzwungenen Discrepanz zwischen Glauben und Wissen (in der Scholastik), wurde die Psychologie ihres Anrechts auf leitende Aussagen beraubt, unter jene nominalistische Dialektik verwiesen, worin sie sich in der modernen Logik seitdem bewegte, ehe sie jetzt, mit ihrer naturwissenschaftlichen Durchbildung, die alten Anrechte auf entscheidendes Urtheil, (je nach dem Maassstab bereits gewonnener Befähigung dafür), zurückzufordern haben wird (mit dem Ausgang vom Zoon politikon in der Geschichte der Menschheit).

Wenn erwacht im Stadium der Cultur findet der Geist, innerhalb seines psychischen Gesichtskreises, dasjenige fertig vor, was in den träumerischen Vorstadien der Kindheit unbewusst sich gezeitigt hat. Eben weil, beim Heranreifen des Zoon politikon zur Mannheit, die Ideale draussen mächtig genug geworden sind, um durch ihre Reize bedingend einzuwirken und, über das materiell sinnliche Auge hinaus (für Auffassung des Ueber-Sinnlichen), ein geistiges, (mit Plato's zweitem Seelengesicht), in Thätigkeit zu rufen, — zu erzwingen durch „kategorischen Imperativ" (als Κατηγορ») — eben damit constituirt sich das Bewusstsein mit verlängerten Denkreihen jenes philosophischen Denkens, wie charakteristisch somit für die Cultur. Was hier statt hat, und zunächst allein stattfinden kann, ist ein Subtrahiren der Deduction, aus den Complexen des fertig zusammengesetzt bereits gebildet Vorliegenden, um auf ein Einfacheres (zur Verdeutlichung) zurückzugehen, bis auf die Eins, wo möglich (monistisch zufrieden).

Und diese, im mathematischen Sinne, reclamirt dann ihre Selbstständigkeit, im Sein der Substanz, mit der Eins, der eine zweite sich anfügen kann, eine dritte u. s. w., aber für räumlich analoge Gesichts-

empfindung im Nebeneinander zunächst, da das Nacheinander für ernste
Betrachtung sich als nutzlose Spielerei erweist, wenn, „mit Grazie in
infinitum", ad absurdum geführt, bis im höheren Calcul sich Ansätze bieten
sollten für variable Functionen (und Infinitesimalrechnung logischer Transcendenz).

So gelangt die Metaphysik aus der zur Allgemeinheit eines Ur-
Princips ausgeweiteten Substanz (b. Spinoza) auf Leibniz' Monade, die
Alles bereits „in nuce" in sich trägt, für die angeborenen Begriffe, von der,
auf völlige Negation (b. Berkeley) verfallenen Materie abgesehen, indem
aus dem Instincte eines noch sinnlicher umschränkten Auges, die Atome
gesetzt wurden (b. Democrit), während im Vorgefühl des Auseinander das
potential Angelegte zu seinen Realisirungen sich entwickelte, kraft der
der Entelechien (b. Aristoteles), einer Kraft im Stoff (für organisches
Wachsthum).

Indem sich nun, bei objectiver Ueberschau, die comparativ-genetische
Methode bietet in der Induction, bleibt die Eins als Ausgangspunkt zum
Ansatz im Gegebenen, aber in Macht ihrer ganzen Fülle enthüllt sich sodann
die bunte Mannigfaltigkeit der Natur, wenn in ihrer festgegliederten Durch-
forschung fortschreitend, die Naturwissenschaften hinaufgelangen bis zum
Einschluss der Psychologie (bei der Lehre vom Menschen).

Sofern die Metaphysik, mit subtrahirenden Deductionen zu ihrer Eins
hingelangt (einer metaphysischen also), daraus wiederum aufsteigend, das
All subjectivistisch zu reconstruiren versucht, wird sie in den Fluthwogen
jener unklar durcheinandergewobenen Allgemeinbegriffe verloren gehen,
woraus Kant's dialectische Kraft seinen künstlichen Apparatus (schema-
tischer Kategorien) zusammenzimmern wollte, in dessen Maschinerie die
Psychologie selber völlig entschwindet. Für ihre eigene Erklärung bedarf
es eines Rückgreifens auf die embryonalen Vorstufen der Cultur (in der Uncultur), wo dasjenige noch im Werden begriffen ist, was das Culturvolk,
in der ausgewachsenen Physiologie des Gesellschaftskörpers, als fertig
bereits Gewordenes zu übernehmen hatte, und als „conditio sine qua non"
zur Erreichung solchen Zwecks liegt der Ethnologie die Aufgabe vor, das
Material zu beschaffen (in dem Völkergedanken). Das Culturleben jedes
Geschichtsvolkes, das, den Traum prähistorischer Vergangenheit ver-
gessend, zur hellen Sonne auf der Bühne seiner Thätigkeit erwacht, beginnt mit der Deduction, einer (zerlegenden) Durchforschung der, (als unwillkührlich in embryonalen Vorstadien hervorgesprosst), fertig vorgefun-
denen Ideen (im Wissensschatz). „Le travail du philosophie n'avait la
plupart du temps pour objet que de transformer des hypothèses en
demonstrations par le double art d'une dialectique raffinée et de l'éloquence"
(im Alterthum). La psychologie n'a été possible comme science que
quand la science elle-même en fut venue à reconnaitre que l'experience
était sa loi fondamentale, qui n'arriva que dans les siècles derniers, à
l'époque où les sciences physiques et naturelles eurent fait assez de
progrès pour pouvoir imposer à toute science, ce piquant de ce nom,
l'imitation de leur esprit et de· leur méthode" (s. Gilardin). Und hier

hat sich (statt subjectiver Selbstbeobachtung) die Psychologie in objectiver Umschau (über den Völkergedanken) den übrigen Naturwissenschaften anzureihen, um zur Verbindung mit der Ontologie dann zurückzukehren (wenn im logischen Rechnen das Denken seine eigene Aufgabe zu lösen beginnen wird).

Als Socrates die Philosophie, den Menschen, auf die Erde brachte, um die sie sich (auch nach Confucius' Ansicht) mehr, als um den Himmel zu kümmern hätten, lag in der analytischen Methode („progressus a principatis ad principia") die erfinderische oder heuristische vor, da obwohl die Logik (als Formalphilosophie) neue Wahrheiten „nicht hervorbringen lassen kann", doch die unbewusst geschaffenen Ideen in ihre naturgemäss verflochtenen Componenten würden zerlegbar sich erweisen müssen (in der Katechetik). Andererseits wird die Synthetische Methode, in Beschaffung des Rohmaterials zum Anfbau, anfänglich auf's Gerathewohl im Sammeln zusammenzuraffen haben, bis beim Aufeinandertreffen der wahlverwandtschaftlichen Elemente ein zündend erklärender Aufschlag den organischen Ordnungsprocess beginnt, und nun sich Glied an Glied geschlossen erweisen muss (in naturgesetzlicher Nothwendigkeit).

So aus dem Primär-Begriff der schwankenden Horde (des Zoon politikon) ergiebt sich z. B., mit dem Rechte des Stärkeren, die Differenzirung der Geschlechter, Vertheilung nach Altersklassen, die Rauhehe, Exogamie, Mutterfolge, Connubium, Hospitium u. s. w. in schlussgemässer Folge (als thatsächliche Sachlage), cf. „Die Welt" etc. (S. 456).

Plato's idealistischer Fassung gegenüber (in Betrachtung der Ideen aus übernatürlicher oder übersinnlicher Quelle), wies Aristoteles auf die Erfahrung hin, mit der aus ursprünglicher Wurzel hervortretenden Entelechie, (einer subjectiven in den Manifestationen der Seele), aber trotz der Beachtung der übrigen Naturreiche, fehlte noch einheitliche Verknüpfung, in vorläufig kosmogenischer Hypothese, und der (durch Erkenntniss des Zoon politikon in seiner Wesenheit) gebreitete Weg zur Verknüpfung der Metaphysik wurde nicht gewagt (für Verbindung der Psychologie mit der Ontologie), sondern dem „Nous" seine Thür, von Aussen her (θύραθεν), zugelassen (statt einer Fortführung logischen Rechnens bis zum Infinitesimalcalcul).

Im Chaos unbestimmt wallender Gefühlsregungen (unter allgemein in Zufälligkeit schwankenden Combinationen des Traumes und Traumhaften), tritt ordnend (h. Anaxagoras) der Nous hinzu, und hier in seiner Rechnungsoperation hat sich das in den Verhältnisswerthen richtig einwohnend Zusammengehörige aus eigner Kraft (organisch aus psychischem Wachsthumsprocess) zusammenzuordnen, und mit dem Eindruck der Richtigkeit zu treffen; dann eben die Willensthat, in solchen Momenten der Richtigkeit, hervorrufend, wenn als richtige erwiesen. Und dieser Process wird bei zeitweiser Enthaltung vom Willenseingriff erleichtert, damit vorher in der Meditation Alles ungestört durcheinander gemengt, sich gegenseitig durchdringen kann, nun das wahlverwandtschaftliche Element desto geeigneter für diejenigen Aeusserungen zu gestalten, welche als entscheidende ein Facit abzuschliessen haben (aus den Gleichungsformeln im Denken), wenn die in Lehrsätzen jedesmaligen Glaubens zunächst, hypothetisch, gestellte Aufgabe, durch Forschungslinien erklärenden Wissens, in ihre Componenten zerlegt wird (soweit das Verständniss reicht), unter Controlle einer experimentellen Erfahrung (auf thatsächlich gesicherten Unterlagen), aus den Völkergedanken in der Speculation (oder vorahnendem Einblick wenigstens in die Region der Ideale).

Nachdem durch orientalische Ingredienzien die arabische Philosophie (wie aus Aristoteles entnommen), sich in der Weltanschauung eines „Monopsychismus", mit allgemeinen Intellect (b. Averröes), abgeschlossen, (zur Verbreitung aus maurischer Cultur über Europa), kam, mit Byzanz' Bedrängung, von dort diejenige Mischung, welche sich auf europäisch-asiatischer Grenze in Neugestaltung des Platonismus (zu christlicher Zeit) vollzogen, nach dem Westen durch Gemisthon Plethon, mit den Anlagen für dämonischen Spuk (bei Nettelsheim und Paracelsus), während in Trapezuntius' Advocatur des Aristotelismus, sich dieser dann in der Erklärungsweise Alexander's von Aphrodisias auf das Temporelle zu reduciren begann, mit der (b. della Valle) ungenügenden Logik, als „scientia rationalis", die zugleich „sermocinalis", bis in Nizolius' Rhetorik verflachend (mit zunehmender Vorliebe für Cicero und Quintilian, unter sorgsamer Meidung jeder Conflicte mit der Religion), während die von einer „anima universalis" (b. Caesalpinus) durchdrungene Welt, als gesetzmässig geordnete (b. Taurellus), sich selber überlassen bleiben mochte mit Epikur's Aushülfen (neben Bacon's Hinweis auf Democrit) im Entstehen und Vergehen, ohne jedesmaligen Falls im Rückgreifen auf Gott (s. Gassendi), da bei nächster Hinweisung auf ein Experimentiren, nicht das Was der Seele, sondern die Betrachtung ihrer Eigenschaften (b. Vives) der Erforschung sich bot, wenn nicht etwa (in der Ethik) die Religion erst als Frucht der Sittlichkeit (b. Charron) zu fassen, aus der Schule Montaigne's, der zuerst zu denken gewagt (s. Lamettrie). Gleichzeitig jedoch erfolgte die die Neuzeit einleitende Revolution, wodurch für Cusanus, (als Vorläufer des Copernicus), die „docta ignorantia" der Mystik (b. Bonaventura) zum Eindruck kam, auf dem Gebiete wissenschaftlicher Forschung, wie ahnungsvoll ergriffen durch Giordano Bruno, und zu naturwissenschaftlicher Begründung fortgeführt (seit Galilei), damit unter Zutritt der Psychologie ein Wissensgebäude einheitlicher Weltanschauung emporsteige (für die Zeitrichtung der Gegenwart).

Auf seinem Wohnsitz, der Erde, deren geologische Abschichtungen auf dunklem Untergrund hinabreichen, findet sich der Mensch umgeben von einer Vielförmigkeit des organischen Lebens, theils in seinen Gestaltungen (pflanzlicher Art), mehr weniger direct dem Boden angeschlossen; theils (beim Thier) in jener Freiheit der Bewegung, zu deren Bethätigung sich im eigenen Organismus Befähigung findet. Dabei, im Umschwung des Wandels, überwölbt sich dem aufblickenden Haupt ein, gleich dem Stützort der Füsse, dunkelnder Hintergrund, aus dem zerstreute Lichterscheine leuchten, dasjenige seiner Organe treffend, mittelst welchem vorwaltend die Umgebungswelt zu ihm redet (im Auge), und (damit) Gedanken weckend, die über das im Tastgefühl körperlich Gefasste, (dem Leiblichen entsprechend), zu geistiger Auffassung fortleiten (in dem durch Denken innerlich Entfalteten).

Die Zahlen, als (pythagoräische) Principien der Dinge, in der „mathematisch" (s. Galilei) geschriebenen (und geordneten) Geschichte der Natur (oder der Welt), kommen mit materiell Realem (in den elementaren Grundformen) unter den fünf regelmässigen Körpern (bei Philolaos) zum Ausdruck als geometrische Zahlen (Grössen oder Raumgebilde). So manifestirt sich die Bildungskraft im Krystall, unter seinen nach der Achse ammessenen (und messbaren) Linien (im Begrenzenden, als Begrenztes), und wenn sich durch die mit dem Körper (nach harmonischen Zahlenwerthen) als ihrem Organ verbundene Seele die elementaren Grundformen (in optischer Strahlenbrechung für das Auge) wieder auflösen lassen, setzen sie zugleich für die Unbegrenztheit (acustisch) ein, im Rythmus, mit Ausklingen in Harmonie (nach gesetzlichem Walten), zum (psychologischen) Zählen (in der Samkhya). Es ist ein alldurchwaltendes Gesetz, das in materieller Raumbegrenzung sich unter geometrischen Formen erfüllt, und das arithmetisch dann weitergeht, bis in einen Infinitesimalcalcul hinaus, „Mathescos pars sublimior" (scientia infinita generalis), auch psychologisch (im logischen Rechnen).

In Mass und Zahl ist das All begründet, unter Mass und Zahl („numero, pondere et mensura") manifestirt sich das Sein, im Umschwung der Himmelskörper sowohl, wie bei dem, was auf Erden in die Erscheinung tritt, bis zum Menschen hinauf. Und ihm gebt das Zählen dann weiter, bis auf Unendlichkeiten hin.

Und wo liegt hier die Aufgabe? Bei der Zahl als Gegebenem, so lange darüber hinaus Negationen nichtig zu entschwinden haben? mit dem Unendlichen anderseits? wo Endliches nicht ausreicht, über des Himmels Gestirne hinaus den ruhenden Pol zu suchen (in kosmischer Harmonie).

Soweit jedoch eine Aufgabe im Zählen gestellt ist, heisst es, vor Allem, ein Abrechnen mit sich selbst: im Gewissen für innerlichen Halt an dem, was als ewig Dauerndes sich enthüllt, wenn der Einklang gewonnen ist, in eigener Wesenheit, harmonisch die Einheit herzustellen (mit den Gesetzen im All). Die (philosophische) Geschichte der Natur, weil „mathematisch geschrieben", wäre für die Geometrie des Raums arithmetisch anzurechnen (im Denken). Ex numeris et mathematicorum initiis proficisci volunt omnia (die Pythagoräer). „In jeder besonderen Naturlehre ist nur soviel angebliche Wissenschaft enthalten, als Mathematik darin enthalten ist" (s. Kant), und diese in den anorganischen Forschungszweigen an sich verlangte Vorbedingung findet in den organischen ihre Berücksichtigung bei der Lehre von den geographischen Provinzen, aus der nothwendigen Wechselwirkung des Organismus mit seiner Umgebung (für logische Berechnung).

Bei Herleitung des Willens aus den Wunschregungen (b. Brown) oder

Instincten (s. Reid), würde das Denken schliesslich dann „auf den Grund der Seele" kommen, wo die „Organe und somit alles Wirken aufhören", auf den Grund, wo „Nichts eindringt, als Gott" (h. Eckhardt), aber mit ihrem „doppelten Antlitz" (s. Lasson) dann nach oben strebend, hat sich in Gewohnheit der normale Zustand geistiger Gesundheit zu festigen, denn „bona in habitum solidata voluntas" (s. Abälard) führt zum höchsten Gut (in der Tugend), auf den Megga (des Abhidhamma). Von jenseits her quillt ἡ ἀεὶ οὖσα φύσις (b. Porphyr), als „Quelle des Lebens" oder „Amini sayagaktschi" (mongolisch), ein anfanglos ewiger Gott (s. Nil), während für das Ende hin die Fäden auslaufen in jenes Gesetz, dessen Nachklang (als welterhaltendes Dharma) in den Moral-Ideen redet, die, als unbewusst in gesellschaftlicher Atmosphäre geschaffen, aus derselben zurücktreffen auf das Individuum, mit dem Eindruck eines „sens divin" als „le sens de l'absoln on de l'infinitude" (s. J. Simon), oder bis zur „causa occasionalis" (s. Geulinx) eines Occasionalismus (aus Reizwirkungen) in der „théorie de la vision en Dieu" (s. Nourrisson) für Malebranche, nach welchem „nous voyons seulement en Dieu les idées, dont les verités éternelles dependent" (s. Gilardin), in Erigena's Vertheilung an die „secunda, quae creatur et creat" (während die erste die in Gott subsistirenden Ideen als „causas primordiales" begreift). L'entendement de Dieu est la région des verités éternelles on des idées dont elles dependent (s. Leibniz), für den Einzelnen jedoch mit dem „Influxus physicus" (zum Brückenschlagen zwischen somatischen und psychischen Vorgängen). Hier wandelt der „Gott in der Geschichte", der „Gott, der wird und vergeht" (b. Eckbardt), aber jenseits (solch persönlichen Anthropomorphismus') steht die „Gottheit", zurückgezogen in die Unendlichkeiten des siderischen Alles, — von denen es möglich geworden, die mathematischen Gesetze der Bewegung darzulegen, — da die Geschichte der Natur „mathematice" geschrieben ist (s. Galilei), wo aber in all den unzählbaren Sternen, die flimmern, ein jeder meist mehr Geheimnisse einzuschliessen hat, als jene kleine „Tellus" oder Magna mater: unsere „Yum" (mongolisch) oder Mutter, die wir noch wenig genug kennen.

So wandeln sie vorübergehend dahin auf der Erde, die Tathagata, im jedesmaligen Buddha seiner Periode, aber darüber hinaus winkt, am Ort der Geister (h. Malebranche), in unveränderter Ruhe stabiler Bewegungsschwingung (für die fortgehende Welterhaltung) das Nirwana als Ziel (auf psychologischen Pfaden erreichbar). Der in Tuschita (für irdische Incarnation) aus dem Meditationshimmel Wiedergeborene kündet die Seligkeiten, die er dort geschmeckt, damit ein „Appetitus intellectivus" geweckt werde, in Sehnsucht nach dem (im Heiltrank der Mysterien weihenden) Lebenswasser oder „Vai-ora" auf dritter Himmelsterrasse (bei den Maori), oder von dem „Scepterhalter" (Otschirvani) bewahrt (für Mongolen), und von Ishtar gesucht (in der Unterwelt), mit der Gottheit Unendlichkeit, als das „allgemeinere Gesichtsfeld" (b. Malebranche), unter verschwimmendem Horizont (in Ewigkeiten hinaus). In der Hypothese „des idées innées" ist die Idee angeboren, soweit „la faculté de la produire" (s. Descartes), vorhanden (mit den übrigen Potentialitäten physischen Lebens), und diese im Individuum angelegten Keime entfalten sich sodann im Zusammenwirken auf der Sphäre des Sprachaustausches zu den Idealen, welche die ethische Bestimmung lenken und leiten. Gleichwie in seinem Tempel, oder seiner Stiftshütte, wohnt Gott (h. Malebranche) im Menschen, der ihn dort priesterlich bedient, aber dieser mit schaffendem Wirken in die irdische Atmosphäre aus dem Jenseits herniederreichende Einfluss verläuft, seinen Manifestationen nach, zunächst in den Gesellschaftsgedanken (einmündend) aus, und da jeder Einzelne wieder, für seinen Theil, mit diesem nur zu thun hat, verbleibt ihm hier, innerhalb solcher Schöpfungen, an welchen er selbst mehr weniger integrirend participirt hat, wie die Entscheidung freien Willens zum Handeln, auch die volle Verantwortlichkeit dafür, nicht also die Entschuldigung eines „nudus spectator bujus machinae" (s. Geulinx), gleich Purusha (dem Tanz zuschauend). „La justice, la distinction essentielle du bien et du mal est la verité première de la morale" (s. Cousin), im Abwägen der Karma (zwischen Bun und Bab), und solches Abrechnen (im logischen Rechnen des Denkens) wird dann erleichtert, mit geübter Verwendung eines höheren Calcul bis in die Unendlichkeiten hinaus (bei naturwissenschaftlicher Durchbildung der Psychologie). „Objectum generale omnium Idearum est extensio τοῦ infiniti, intelligibilis, immutabilis et incommensurabilis, ex cujus intuitu formamus quicquid aspicimus sive intra sive extra nos" (s. Malebranche), aber aus diesem unabsehbar Masslosen klingt es dann (unter den „Limitationen des Unendlichen" in Gottes-Ideen) nach Mass und Zahl (harmonischer Gesetzlichkeiten im All).

„Sumus igitur modi mentis, si auferas modum, remanet ipse deus" (s. Geulinx), als das Universum (h. Malebranche), denn „ausser Gott ist die Creatur ein lauteres Nichts" (s. Eckhardt), aber so lange, und weil sie ist, zur Erkenntniss des eigenen Seins verpflichtend (den Orakelspruch des „Gnothi Seauthon" zu erfüllen) im Gewissen, auf die innere Stimme (nigritischen Gbesi's) Antwort gebend, im Wechselgespräch mit den „Musterbildern" (s. Anselm) aus innerem Sprechen Gottes (bei der Weltschöpfung), in Brahma's Wort oder, (beim Zaubern), der Angekok (s. Holm). „Noys ad naturam loquitur" (in der Schule von Chartres) und so sind die von ihm gelehrten Gesetze statt hineinzutragen in die Natur (durch philosophische Ueberweisheit), gegentheils wieder abzulauschen (mit naturwissenschaftlicher Induction). Indem die Kategorie nur Anwendung findet auf die Erscheinungsobjecte, die in unserm Bewusstsein sind (s. Kant), schreiben wir der Natur Gesetze vor, nicht sie giebt sie uns; wir bringen Natur überhaupt nur durch unsere Gesetze zu Stande (Ueberweg). Die Vernunft ist Ursache der Weltordnung (bei Hermotimus), aber „Man can invent nothing in science or religion, but falsehood and all the truths which he discovers are but facts or laws, which have emanated from the Creator" (s. Nott). Das Wirkliche ist (h. Parmenides) das Volle ($\pi\lambda\acute{e}o\nu$), d. h. das Raumerfüllende (s. Zeller) im Pleroma (des Neibhan). En Dieu il n'y a point de succession de pensées et de volontés (s. Malebranche). Heraklit setzte die Zeit als Erstes (s. Sextus). $\Pi\upsilon\vartheta\alpha\gamma\acute{o}\rho\alpha\varsigma$ $\varphi\eta\sigma\grave{\iota}$ $\gamma\epsilon\nu\nu\eta\tau\grave{o}\nu$ $\kappa\alpha\tau'$ $\dot{\epsilon}\pi\acute{\iota}\nu o\iota\alpha\nu$ $\tau\grave{o}\nu$ $\kappa\acute{o}\sigma\mu o\nu$ $o\dot{\upsilon}$ $\kappa\alpha\tau\grave{\alpha}$ $\chi\rho\acute{o}\nu o\nu$ (s. Stob). Die Welt, im Begrenzten abgeschlossen geordnet, athmet das grenzenlos Unendliche in sich ein, zum Beleben des Daseins, zeitlich gezeitigt aus dem Zeitlosen (im Pythagoräismus). Der Gedanke des Unendlichen wohnt der Seele ein, ohne aus ihr zu stammen, begreiflicher, als das Endliche (b. Campanella), weil innerhalb der terrestrischen Existenz des Gesellschaftsmenschen entstehend (unter den Wandlungen des Völkergedankens).

Das Gute ($\dot{\alpha}\gamma\alpha\vartheta\acute{o}\nu$) ist, wie mit dem Schönen ($\varkappa\alpha\lambda\acute{o}\nu$) mit dem Zuträglichen ($\dot{\omega}\varphi\acute{\epsilon}\lambda\iota\mu o\nu$, $\chi\varrho\acute{\eta}\sigma\iota\mu o\nu$) identisch (s. Ueberweg), in Socrates Lehre, der (unter dem allgemeinen Walten der göttlichen Vernunft) die Philosophie vom Himmel auf die Erde brachte (in praktischer Ethik), aus nothwendiger Folge der „Dike", zur Busse in der Schule Anaximander's, Lehrers des Parmenides, der im Ceramikon gehört war (s. Plato). Das Gute erklärt sich aus Verwirklichung des Ideals für den Menschen, als Mensch (bei Ferraz); $\dot{\epsilon}\nu$ $\tau\grave{o}$ $\dot{\alpha}\gamma\alpha\vartheta\grave{o}\nu$ (s. Eukl. Mg.). „Omne bonum est per se ipsum" (s. Anselm) mit Gott (als „summum bonum"), indem „die Güte, die Wahrheit und überhaupt alle Universalien eine von den Einzeldingen unabhängige, nicht bloss diesen immanente, an ihr Bestehen gebundene Existenz besitzen", vergleichsweis unter sich (in Relativitäten). Die $\dot{\epsilon}\lambda\epsilon\nu\vartheta\acute{\epsilon}\varrho\iota\alpha$ beginnt $\pi\alpha\varrho\varrho\eta\sigma\acute{\iota}\alpha$ (b. Antisthenes). Glückseligkeit liegt (bei Socrates) in der $\epsilon\dot{\nu}\pi\varrho\alpha\xi\acute{\iota}\alpha$ (nicht in der $\epsilon\dot{\nu}\tau\nu\chi\acute{\iota}\alpha$). Höchstes Ziel sittlichen Strebens ist die $\dot{\alpha}\pi\acute{\alpha}\vartheta\epsilon\iota\alpha$ (b. Stilpon) in Bedürfnisslosigkeit (für Antisthenes), zur Vernichtung im Nirvana, das aus relativem Gegensatz zu Maya sich als Realität (des Pleroma) erweist (für naturwissenschaftliche Weltanschauung).

In dem, vom Denken, nicht Erreichten setzen sich die Universalien des Guten, mit dem „Summum Bonum" als Gott („quo majus cogitari non potest"), und da deshalb, ehe sie in das Denken überhaupt einzutreten vermögen, ihre vorherige Setzung sich erforderlich erweist, wurde solche durch den Glauben verlangt (bei dogmatisch herrschender Theologie). Credimur ut cognoscamur (s. St. Aug.). „Neque enim quaero intelligere ut credam, sed credo ut intelligam" (bei Anselmus). Es sind dies die embryologisch unbewusst, während des Traumzustandes im psychischen Wachsthum, geschaffenen Ideen, welche nun in gesellschaftlicher Sphäre des Culturvolkes an seinem Horizont schwebend, es zum Denkbeginn (mit der Deduction) erweckend anregen, und aus dem Ganzen auf den Theil, (im Einzelnen) rückwirkend, mit der Induction zum Bewusstsein gebracht werden mögen (kraft naturwissenschaftlicher Psychologie). „L'analyse et la philosophie naturelle doivent leurs plus importantes découvertes à ce moyen second, que l'on nomme induction" (s. Laplace), in gesetzlicher Controlle (mit der Deduction).

Indem die (in schottischer Schule) aufgestellten Vermögen („les fétiches de l'idolatrie philosophique"), deren sich die Seele bedient, „selon les occasions et les besoins" (s. Gilardin), — obwohl ihr bereits vollendetes Gedachtsein vorauszusetzen wäre (wie die dem Agenten vom Kaufmann gegebenen Anordnungen „quand vient le moment de l'exécution), — durch die Operationen des Criticismus in einander transformirt worden, so hätte (wie hier im Mikrokosmos) auch im Makrokosmos die in ihren Aueinanderreihungen einen Anfang supponirende Descendenztheorie die Anticipation in Betracht zu halten, (quam pictor praecogitat imaginem quam facturus est), wenn es sich bei der „Substantia secunda" um Rückgang auf „Substantia prima" handelt, welche Brücke erst mit Zutritt der Psychologie zu den übrigen Naturwissenschaften wird geschlagen werden können, bei Ausgang von der Gesellschaftswesenheit des (zoologisch den Quadrumana nächststehenden) Menschen (als „homo sapiens"). Die „Qualitates occultae" der Seelenvermögen, aus Verhältnisswerthen logischer Rechnungsgleichungen unter festen Zifferustellungen der Definitionen geklärt, sind auf die psychophysisch nachwallende Dünung aus organischer Lebensquelle zurückzuführen, und wenn dann das aus den Sinnescmpfindungen aufsteigend emporwachsende Denken, innerhalb der Regionen des Sprachaustausches, auf die dort hineinragenden Fragen stösst, tritt in weiterer Abrechnung mit den Idealen der Wille in Thätigkeit, beim Bewusstsein der Freiheit unter selbstgesetztem Gesetz (in Harmonie mit dem, was im All durchwaltend herrscht). Die „Universalia ante rem" bilden die „causa exemplaris" der Dinge, identisch (in Gott) mit der „causa efficiens" (s. Alex. v. Hales). Das „Universale in re" vertritt die Form der Dinge (s. Gilbert de la Porrée). Θεοῖς μὲν εἶναι φάσκοντες ἀνθρωποειδεῖς δέ (b. Xenophanes), also rückwirkend aus den gesellschaftlich unbewusst geschaffenen Ideen auf das Bewusstsein des Einzelnen (als integrirend), und so aus Differenzirungen weiterschreitend, im Infinitesimalcalcul logischen Rechnens (naturwissenschaftlicher Psychologie). „Tout idée simple vient d'une idée complexe, toute idée vide d'être vient d'une idée qui contenait l'être, c'est-à-dire le jugement" (s. Garnier), im Detailliren anwachsender Arbeit, unter entsprechender Erweiterung neuer Gattungsbegriffe (während die früheren auf einzelne Arten zurücktreten).

Die Dinge sind da, in der Gegebenheit des Seins (bei den Eleaten), und der Verfolg unendlicher Reihen aus sinnenfälliger Vielheit auf Ursprungsfragen hin, auf das Werden im ersten Entstehen, führt zu den Widersprüchen der Vexirsätze (Zeno's). Für diese metaphysische Speculation wird die Vermittlung scheinbar unvereinbarer Contraste mit dem Zutritt inductiver Forschung gewonnen werden, auf dem naturwissenschaftlichen Wege (wenn auch von der Psychologie betreten). Weil in Einheit, ohne Anfang und Ende, ist das Sein ewig-unendlich (b. Parmenides), aber nicht unermesslich (ἀτέλεστον), sondern in sich abgeschlossen (πεπερασμένον), im Kreis (weil vollkommen). Die Gottheit thront als Einheit im Centrum des äusserst Umschliessenden (περιέχον), als ἄπειρον (b. Philolaos), in der Eins (die Wurzel aller Zahlen), als Anfang oder Grund aller Dinge (s. Noack). Die Gottheit ist der Kreis, dessen Mittelpunkt allenthalben, dessen Umkreis nirgends ist (s. Herder), im Augenblicksbewusstsein der Gegenwart (für das aus gesellschaftlicher Sphäre in eigener Wesenheit durchklärte Selbst).

Den Räthseln der Welt, im eigenen Dasein gegenübergestellt, verlangt es, sie zu lösen, aus der Bestimmung des Menschen, und das ringsum lagernde Dunkel dem geistigen Auge erhellend zu klären.

Auf die Frage die Antwort, — zuerst kurz und abgerissen im engen Horizont des Naturzustandes, dann mit Erweiterung desselben unter Verlängerung der Gedankenreihen, bis die Philosophie ihre complicirten Systeme eingewickelt, und verwickelt, in sich trägt, um aus dem Zusammenhang zu entwirren, was durch das Denken geschaffen.

Als die aus der Geschichte der Cultur bedingte Methode der Deduction, seit der Ueberschau des Globus, durch die Induction ersetzt (oder ergänzt) zu werden begann, musste die Metaphysik die früher gewährte Befriedigung verlieren, und fand sich völlig geleugnet im Positivismus, als Ausdruck der Zeitrichtung, welche nun, um dem fortdauernden Bedürfnisse zu genügen, sich der Naturwissenschaft zuwandte, und diese scheint, aus dem in dem Detail organischer Entwicklungen gewonnenen Einblick, weiteren Enthüllungen des Ganzen jetzt entgegensehen zu dürfen, unter objectivem Einbegriff des Menschen, in zukommender Stellung auf der Wesenreihe. Bei der zugleich durch die Erhaltung der Kraft materiell gewährten Stütze, schien die Darlegung zu genügen, bis auf Ursprungsfragen hinaus, obwohl solch momentan täuschender Eindruck rasch wieder nichtig verwehen musste, wenn nun die tieferen Gefühle auf wahre Befriedigung bin geprüft wurden (während die Psychologie den Naturwissenschaften noch fehlte).

In der Evolution (der Entwicklungstheorien) lag, in controllirender Prüfung, ihre Rechtfertigung für alle Glieder, bis die Kette auch den Menschen einreihen sollte, und hier gleichfalls die psychische Hälfte in methodische Bearbeitung wiederum zu nehmen hätte, bei jenen der Philosophie von jeher gestellten Problemen, so dass vorher erst eine naturwissenschaftliche Behandlung der Psychologie würde vorausgegangen sein müssen, ehe sich eine naturwissenschaftlich abgeschlossene Weltanschauung herstellen lässt, in heutiger Gestalt (als eine „naturwissenschaftliche"), und die Kernfrage fällt also in Verwendung comparativ-genetischer Methode (zum Aufbau aus der durch den „Völkergedanken" gelieferten Unterlage). Das kritische Verfahren schreitet jedesmal erst vom concreten Einzelnen zum Allgemeinen fort (b. Fries) in der allgemeinen Psychologie (oder philosophischen Anthropologie), als Grunduntersuchung des menschlichen Geistes (b. Kant) durch die Induction objectiver Erfahrung (zur Rückkehr in's Subjective). Die Tugend liegt in vernünftiger Einsicht (bei Phädon), dem Einsichtigen (ἐπιστάμενος) gehörig (s. Socrates), bis zur Durchschau (in Bodhi).

Das Nichtsein, als, im Nichts, nicht vorhanden (b. Parmenides), quod penitus non est (ein gar Nichts), fasst sich (b. Erigena) im Gegensatz des Höheren (bis zur Hyper-Onsia) zum Niederen, indem für das Höhere in selbstständig eigener Abgeschlossenheit das Wenigere (oder Niederere), weil im integrirenden Theil absorbirt und aufgenommen, unter solchem Ganzen verschwindet, und da für das aus dem Niederen Aufstrebende, das Höhere, ehe nicht erreicht, noch nicht vorhanden, gestaltet sich dieses — in abstrahirender Theologie (b. Pseudo-Dionys), als ἀποφατική (neben καταφατική, aus Bejahung) — zu dem in die eigentliche Realität anschlagenden Nicht (für immanent das All durchdringende Gottheit) im Nirwana (aus der Harmonie des Dharma). Das reine Sein, als mit dem Nichts identischer Begriff, bildet den Ausgangspunkt dialectischer Entwicklung in der Logik (b. Hegel). Das Seiende, als ungeworden und unvergänglich, ist unendlich, nach Raum und Zeit (b. Melissus), ἔστι γάρ εἶναι, μηδέν δ' οὐκ εἶναι (s. Parmenides). Dass Nichts sei, anzunehmen, ist unmöglich, da dann auch Nichts erscheinen würde (b. Herbart). Aus dem „Kore" als τό μή ον (b. Plato), oder „Noch-Nicht" entsteht die Welt (bei den Maori). Das dem Guten Entgegengesetzte ist nichtseiend (b. Euklides Mg.), als abnormal (für den Zustand psychischer Gesundheit). Alles ist ungeschaffen (ἀγένητα), wegen der Unkenntniss über Entstehen und Vergehen (b. Melissus), aus Avixa (des Buddhismus), im absoluten Sinne (gegen das Umschlagen des Sein in Nichtsein), wogegen in ihren Relationen gleichwerthige Aequivalente sich ersetzen (unter Erhaltung der Kraft).

Die Realität liegt in dem Individuum, als „quantitas determinata" (in der „materia signata") nach individualisirenden Schwankungen, für das Einzelwesen in „substantia prima" (b. Anselm), und „die Abart der Rasse tritt dann auf, wenn die Charaktere der Varietät sich vererben" (s. Quatrefages); so ergiebt sich die (unter der Bedingung einer Abstammung im Genus definirbare) Art (species), als „conceptus mentis significans univoce plura singularia" (s. Occam), aber mit der Immanenz des Allgemeinen (b. Thom. Aq.), und so aus dem naturgemäss Gegebenen controllirbar, bei richtiger Fassung (oder mit thatsächlichen Rectificationen deutentsprechend angeschlossen). Die Ideen („formae exemplares") liegen (b. Bernhard von Chartres) als „ewige Begriffe der Gattungen und Arten und auch der Individuen in der göttlichen Vernunft" (s. Ueberweg), zum Anrechnen (logisch), beim Herausrechnen (im organischen Denkprocess der Logik).

Die Sankhya setzt eine Pluralität individueller Geister (mit dem Ziel auf Befreiung aus der Körperwelt), als allein existirende Individuen (in der Scholastik), und für jedes rechnet (in moralischer Verantwortung) die Karma, den Schmerz zu heilen (als Dukha). Die eingeimpften „Seelenleiden", „durch welche die Existenz und die Veredlung des Geistigen im Menschen und des Menschengeists im Allgemeinen bedungen sind" (s. Semper) folgen aus dem Hunger des „Appetitus sensitivus" (b. Thom. Aq.) zu harmonischem Ausgleich mit der Umgebung (in den Verkörperungen der Völkergedanken). Abwehr des Kummers sucht Hegesias (πεισιθάνατος) in Heilung des Schmerzes (durch buddhistisches Heilswort). Dasselbe Denken, welches das Weltall durchdringt, kommt im Menschen zum Bewusstsein (s. Bardili). Die Natur hat in Alles einen Gedanken (τό σόφον) gelegt (s. Epicharmus) zum Schöpfungsgedanken (gesetzlich).

Als „Ens per se subsistens" spricht Substanz das an sich abgeschlossene Ding aus, wenn und weil, solchartig, im Logos gefasst. Die οὐσία (bei Aristoteles) bezeichnete sich im dortigen Dasein (als τι ἐστι) und auch Descartes hielt, beim Ausgang von seinem Fundamentalsatz, den psychologischen Standpunkt noch fest, obwohl bereits den Substanzbegriff auf die, für ihn letzten, Formen einer Verallgemeinerung, (bei der Substanz des Denkens und der Substanz in Ausdehnung), übertragend (ohne die vorherig allmählige Sichtung der Zwischenformen). Als nun (bei Spinoza) der Substanz die „causa sui" (statt früher Abtrennung, in Gott), zugefügt wurde, war für das schrankenlose Gespiel metaphysischer System-Schemen Alles vorbereitet, wie bald zum vollen Schwung gelangend, bis Kant, wiederum zur Prüfung auffordernd, kritisch zu scheiden begann, und der auf die Psychologie erneute Hinweis seinen Halt bekam bei dem Anerbieten naturwissenschaftlicher Begründung mittelst der Psycho-Physik, bis zum thatsächlichen Materialgewinn, in den Bausteinen des Gesellschaftsgedankens (für Verwendung inductiver Methode).

Wenn die Substanz aus ihrer in sich (oder an sich) bestehenden Selbstständigkeit definirt wird („quae ita existat, ut nulla alia re indigeat ad existendum"), so hängt dies psychologisch von dahin gerichteter Aufmerksamkeit ab (von dem Einstellen in den Gesichtswinkel geistigen Focus'). Der Baum ist als solcher fassbar, so das Blatt, und dies, statt eines (zufälligen) Anhängsels, als συμβεβηκός, mag bei Einblick in Pflanzenphysiologie als innerlicher Modus (statt Accidenz) erscheinen, in einer Eigenschaft, deren es für die Eigenthümlichkeit (des Ganzen in seinen Theilen) bedarf.

Wenn sich unter den „titres nominaux" (b. Maine de Biron) das Haus als „ens per se subsistens" einführt, kann die frei davorstehende Säule unabhängig in ihrer Eigenart ausserdem gefasst werden, die tragende nur im Zusammenhang des Ganzen, und so etwa das Dach ebenfalls nur, weil in die Construction zusammenhängend übergehend, wie Thür, Fenster, Stockwerk und sonst constituirende Theile, die sich erst beim Zergliedern wieder deutlich auseinanderlegen lassen. Das Haus ordnet sich höher ein unter den Wohnungen (mit Palast und Hütte), oder architectonisch überhaupt (neben Tempel, Festung u. s. w.). Und ob nun das Haus gemacht ist von Menschenhand, oder der Baum hervorgewachsen aus seinen Wurzeln, immer kann es deshalb optisch als „per se existens" gelten, während dann weiter erst bei optischer Umschau, (oder Durchschau des All mit Allwissenheit einer „Bodhi"), die Ursprungsfrage (nach der „causa sui") zu verfolgen wäre (auf dem inductiven Gang naturwissenschaftlicher Psychologie). Nicht nur als Anfang und Ziel aller Dinge, sondern auch als urbildlicher Grund (ratio exemplaris) wird Gott (b. Plato) gesetzt (s. Fidanza). Illatici Huira Cocha (Ursprung des Glanzes aus dem allumfassenden Abgrund) wurde als Gottheit aufgestellt von Huarman Vira Cocha („el mozo Huira Cocha"); aus irdischer Spiegelung des dunkel verhüllten Ursprungs im Ginnungagap oder Abgrundschlund (eines Bythos oder Kumulipo).

Für die Ousia liegt die Ursächlichkeit (zureichenden Grundes) in dem τι ἐστι, darin nämlich, weil aus psychologischem Verständniss als selbstständig Ganzes fassbar, (sei es physisch-sinnlich oder metaphysisch-dialektisch). Die Qualitates occultae in dem Substantiale der Dinge (bei scholastischer Substanz) verlieren sich mit der Essentia in das Vexirräthsel der Materie, wie von jeher äffend („Agnostiker" jetzt, und Gnostiker einst).

Und so, wenn für empirische Substanz Ursprungsfragen verfolgt werden, äfft der „Regressus ad infinitum"; und „monistische" Monaden (Leibniz'), gleich „realen Wesen" (b. Herbart), täuschen durch die Anticipation des als Ziel Gesuchten, während die absolute Identität (Schelling's) oder die absolute Idee (Hegel's) in das Dharma überführen würde, kosmischer Harmonien, wie gesetzlich zu klären nun eben im logischen Rechnen (naturwissenschaftlicher Psychologie).

Das Vermögen heisst das hylische, weil es dem Urstoff zu vergleichen ist, der selbst durchaus keine Form hat, aber das Substrat (ὑποκείμενον) in jeder Form bildet (b. Ibn Sina); im νοῖς ὑλικός (s. Landauer); ἀγένητον ἐὸν καὶ ἀνώλεθρον ἐστιν οὖλον μουνογενές τι, καὶ ἀτρεμὲς ἠδ' ἀτέλεστον (s. Parmenides). In der Substanz (ens per se subsistens) liegt noch nicht die „causa sui" einer essentia (für οὐσίαι πρῶται), als selbstbestehendes Ding (an sich) neben dem accidens (oder modus). Καὶ ἀρχήν αὐτῶν εἶναι αὐτὸ τὸ ἕν, lehrten die Pythagoräer (b. Aristoteles); ἐν ἀρχὰ πάντων, setzte Philolaos (s. Jamblichus). Τωὐτόν τ' ἐν τωὐτῳ τε μένον καθ' ἑαυτό τε κεῖται (s. Parmenides), das Sein (τῆς γένεσις μὲν ἀπέσβεσται καὶ ἄπιστος ὄλεθρος); αἰτίας πρὸ αἰτίας, setzte Archytas (Archaicetos) im Begrenzten und Unbegrenzten (s. Syrian); τὴν μὲν γὰρ μονάδα ἐν τοῖς νοητοῖς εἶναι τὸ δὲ ἕν ἐν τοῖς ἀριθμοῖς (s. Just.); ἀρχήν αὐτῶν εἶναι αὐτὸ τὸ ἕν (τὸν νοῦν μονάδα τε καὶ ἐν Γίγον). Οἱ ἀριθμοὶ φύσει πρῶτοι, wurde von den Pythagoräern gelehrt (s. Aristoteles). Rationalis fabrica naturale quoddam postulans principium numerus est (s. Cusanus). „Recidit ratiocinatio omnis ad duas operationes animi, additionem et substractionem" (s. Hobbes), im logischen Rechnen (naturwissenschaftlicher Psychologie).

Mit Ausdehnung, als charakteristisches Merkmal, würde die Materie bei der optischen Auffassung noch der Täuschung durch Phantasmagorien ausgesetzt sein, während sie sich, im Gefühl der Dichte, substantiell beweist, und objectiv in der Schwere (für naturwissenschaftliche Eigenschaft). Unter dem aus der Substanz (als Hypokeimenon und „causa causarum", oder „causa sui" im Absoluten) mit den Accidenzen oder Eigenschaften Zugänglichen fasst hier also das Denken, was mit seiner körperlichen Unterlage congruent auf gleichem Niveau; und wenn im zeitlichen Entwicklungsverlauf (relativer Ursachwirkungen) zu höherem aufsteigend, treten die Verhältnisswerthe in entsprechende Verschiebung vom Sinnlichen zum Uebersinnlichen (eines geistig Angestrebten).

Wenn (im Materialismus) von einer „Materia" gesprochen wird, entzieht sich diese, als „materia prima" (im Sein), weiterer Durchdringung zunächst, als ein Erstes eben (mit dem Gegensatz nur des Negativen im Nichtsein), und mit der Weiterfolge erst klärt sich das Verständniss (proportionell) im Zählen eines logischen Rechnens, das sich dann, um die Ursächlichkeit eines „primus motor", (stehenden Bewegungszustandes, in Ruhe) anzunähern, bis zu rationeller Methode eines Infinitesimalcalcul vervollkommnen mag (bei naturwissenschaftlicher Behandlungsweise der Psychologie). Das Materielle trägt seine logische Rechtfertigung soweit in sich, als die Wurzel desjenigen Werkzeugs, mit welchem das All durchdrungen werden soll, aber die Ergebnisse besitzen, ob betreffs des Geistigen oder betreffs des Körperlichen gewonnen, gleichgesicherte Realität, sobald die Richtigkeit der Rechnungsweise aus der Controlle bewiesen steht. Wenn der Sensation, als äusseres Fenster (für die Sinnesempfindung), in der Reflexion (b. Locke) ein inneres Fenster gegenübergestellt wird, schaut dahinter wieder eine „qualitas occulta" heraus (in hinterstehender Seele), wogegen (nach Leibniz' Einwand) bei dem in den Sinnen Befindlichen die Thätigkeit bereits immanent zu setzen ist, um dann physisch sowohl, wie metaphysisch, zur Auswirkung zu kommen, wenn die Passivität der Erkenntniss sich in der Activität des Willens bethätigt, in den auf vollendeten Stadien, bei Annäherung des Reifezustandes, auseinandergelegten Functionen des Wachsthumsprocesses (für das in sich selber geschlossene Selbst).

Das der Passivität des Sensualismus zugefügte Ingredienz eines Elementes „a priori" vertritt den innerlich drängenden Wachsthumstrieb, der aus dem Sinnlichen in das Uebersinnliche hinüberstrebt, und dann sich innerhalb der Gesellschaftssphäre (des Zoon politikon) bewegt, zwischen dessen geistigen Schöpfungen (idealer Güter).

Nur in der Ausdehnung besteht die Materie (b. Descartes), aber für den Begriff der Körper hat die Wirksamkeit („action") hinzunzukommen (b. Leibniz), zum jedesmaligen Abschluss der Schöpfungsgedanken, deren Wurzel, als über das Relative in das Absolute hinausfallend, nur im höheren Calcul wieder würde angenähert werden können (im rationellen Rechnen der Logik).

Die Zahl ist eine aus Einheiten (ἐκ μονάδων) zusammengesetzte Vielheit (bei Euclid.), in's Unendliche (ἐπ' τὸ ἄπειρον) fortschreitend (des Unendlich-Grossen) oder dahin verlängerbar (des Unendlich-Kleinen), aber zum Anfang bedarf es eines Gegebenen, einer Monas also (τὸ πρῶτον ἕν), neben der Monas als solcher (im Dualismus), der Dyas gegenüber, im Absoluten der Gottheit (b. Pythagoras). Da alles Zusammengesetzte ein Einfaches voraussetzt, ergeben sich die Classen der Monaden (für Leibniz), und indem die in harmonischem Ausgleich abgeschlossenen Ideen Einheiten darzustellen haben, fassten sie sich in Monaden als Henaden (b. Plato), für den Monismus (henotisch).

Was als Eins gefordert wird, hat aus der für Verwendung comparativgenetischer Methode (der Induction) unumgänglichen Vorbedingung Gewährung zu erhalten, damit das (logische) Rechnen überhaupt zu beginnen vermöge, und wenn diese Eins, bei der Wechselbeziehung organischer Wesenheit mit klimatisch-geographischer Umgebung, mittelst einer Gleichung gedeckt, als solche gesetzt wird, verbleibt die Aussicht, dass nach genügender Uebung in den Elementar-Operationen später aus den (thatsächlich constatirbaren) Differenzen (im „Calculus differentialis") auch für Unendlichkeitsrechnungen die Fähigkeit gewonnen werden möchte (mit naturwissenschaftlicher Durchbildung der Psychologie, auf Grundlage der Völkergedanken). Leibniz voit (s. Gratry) „dans son procédé géometrique infinitésimal, le vraie procédé logique applicable en métaphysique, là où ne s'applique pas la déduction par voie d'identité" (quae nulla analysi ad identitatem reduci possunt). *Οὐ ποτ' ἔην οὐδ' ἔστι, ἐπεὶ νῦν ἐστιν ὁμοῦ πᾶν* (s. Parmenides), im Daseienden (actueller Realität).

Die fünf regelmässigen Körper (Kubus, Tetraeder, Oktaeder, Ikosaeder, Dodekaeder) sind die Grundformen der Erde, des Feuers, der Luft, des Wassers und des fünften (allumfassenden) Elementes (s. Philolaos), als Akasa (in Indiens Weltäther). Um die Correspondenz zwischen That und Leiden auszudrücken, wurde die Gerechtigkeit als Quadratzahl (*ἀριθμός ἰσάκις ἴσος*) bezeichnet (bei den Pythagoräern). Die geometrischen Archetypen (in Timäos' Platonismus) liegen materiell verwirklicht, aber erst psychophysisch erkennbar, und social-psychisch zu solcher Erkennbarkeit gebracht, — also psychisch (in menschlicher Auffassung) erkannt —, sind sie zunächst insoweit nur vorhanden, während in der hier vermittelnden Manifestation, organischen Werdens, aus lebendigem Urquell es sprudelt in neuplatonischer Natur oder *φύσις* (b. Porphyrius), im „Weltenbaum" zur Entfaltung gelangend (mit der Weltgeschichte Bilderwelt).

In räumlicher Veränderung bekundet, ergiebt sich beim Gegensatz der Ausdehnung (als Raum erfüllend) zum Denken (cf. Descartes), die Bewegung als dessen Wesenheit, unter Erhaltung der Kraft, zum Ausverfolg aus innerlich gestetigten Schwingungen (physikalischer) Atome (b. Democrit), für Fassung in sich thätiger Monaden (b. Leibniz), aus (chemischen) Wandlungen, mit Fortgang vom Potentiellen (b. Aristoteles) nach den Verwirklichungen eines organischen Werdens hin, auch im Psychischen lebendig: „sentit animus se moveri" (b. Cicero), wie zum Bewusstsein gelangend, mit der Willensthat (in Selbstsetzung aus dem Gesetz).

In ununterbrochener Bewegung realisirt sich der Zeitverlauf für die Existenz aus dem Daseienden im Bestehenden, oder für lebendiges Werden, um in jedem Moment desselben aus thatkräftigen Schöpfungen mitzuwirken im erhaltenden Walten (reifender Vollendung).

Wenn die Vibration der Aetherwellen, — aus (indischem) Element des „Akasa" (im Pancha-tvam als Fünfheit), — in den Sinnes-Empfindungen sich, (bei Fortgang der für die Aequivalenz zwischen Arbeit und Wärme angenommenen Krafterhaltung in der Hypothese), auf den Bahnen electrischer Muskelströmungen zum activen Bewegungsausdruck weiterverfolgen lassen möchte, so würden analogerweise daneben rythmische Gesetze erklingen dürfen, aus den sprachlichen Schöpfungen gesellschaftlichen Gedankenaustausches (im organischen Wachsthum psychischen Lebens).

Soweit aus dem (atomistischen) Hypokeimenon das Materielle der Elemente sich in Kraftcentren auflöst, hätte sich im Unendlichkleinen der Ansatz zu bieten für den Infinitesimalcalcul logischen Rechnens (zum Unendlichen und Ewigen hin).

In den „Anu" oder Atomen Kanada's, (als Körnerfresser der Nyaya), schreitet die materielle Vergröberung, (von den Sonnenstäubchen an), messbar vorwärts, in *σμικρότερα μοῖρα* (b. Sennert), bis als Korn zu fassen, in buddhistischer Kosmogenie (s. Sangermano). Wie an Kore (der Maori) setzt an Leai („Nothing") der Beginn an (auf Samoa), und als Erstes

(wie auf Sumatra) beginnt es zu duften im Geruch („Nanamu", fragrance).
Dann folgen (s. Turner) Efuefu (Dust), Hoa (perceivable), Mana (obtainable),
Eleele (Earth), Papatu (Rocks), Mantaanoa (Stone), Maunga (mountains),
worauf (in Vermählung mit Malaeluia) die Tochter (Faieefa) geboren wird
(als Urweibliches), wie Lailai (auf Hawaii).

In der materiell hylozoistischen Auffassung der Jonier war als Ur-
princip das Element gesetzt, von dem die Entwicklung ihren Ausgang
nahm, unter dem Gegensatze der Relationen im Widerstreit bewegt,
während jenseits verhüllt, im Hintergrunde des Absoluten für religiöses
Gefühl, die Gottheit (τὸ θεῖον und οἱ θεοί) verblieb (aus mythologisch-
dichterischen Gestaltungen).

Als sie, mit der Ordnung durch den Nous, eingreifend hinzutrat
(b. Anaxagoras), begann jetzt der gegensätzliche Riss des Dualismus durch
die gesammte Weltanschauung zu klaffen, bis in das Jenseits hinein, und
auch als Aristoteles, um für die Erklärung solchen Eingreifens den Ansatz zu gewinnen, den „Nous" psychologisch mit der Menschen - Natur
(als thätiges Agens) verknüpfte, blieb derselbe eine von Aussen (θύραθεν
oder ἔξωθεν) hinzugekommene Zuthat, welche für psycho-physische Einheit
ihren naturwissenschaftlich ergänzenden Abschluss erst aus dem Völkergedanken zu erwarten hat (auf gesellschaftlicher Sphäre des Zoon politikon).

Die Eleaten suchten aus der Thatsache des Daseienden (im Sein,
als Wirklichen), den festen Pol im Kreisen des Entstehens und Vergehens
zu gewinnen, aber nm so mehr hatte die dem Menschen wirkliche Welt
dem Charakter eines flüchtig Vergänglichen und Täuschenden zu verfallen,
bis zur „Negation der Negationen", im Nirwana als Gegensatz der Maya,
(nach der Construction des Abhidhamma).

Hier suchten nun, (nach der Zahlmethode des Sankya), οἱ καλούμενοι
Πυθαγόρειοι zu vermitteln, um in den Zahlen das Gesetz der Dinge zu
finden für die, (s. Stobäus) κατ' ἐπίνοιαν (οὐ κατὰ χρόνον) entstandene,
Welt, und nachdem das Rechnen mit den pythagoräischen Rechentäfelchen
genügend geübt sein sollte, um in das wirklich Vorhandene geschärften
Einblick zu gewinnen, mag einstens dann vielleicht die Zeit gereift sein,
für höheren Calcul, in einer Infinitesimal-Rechnung, auf Ewig-Unendliches
hin (im logischen Rechnen des Denkens). Τὰ τῶν ἀριθμῶν στοιχεῖα τῶν
ὄντων στοιχεῖα πάντων εἶναι ὑπέλαβον, καὶ τὸν ὅλον οὐρανὸν ἁρμονίαν εἶναι
καὶ ἀριθμὸν (die Pythagoräer). Numerus est unitates (s. Hobbes); τὸν ὅλον
οὐρανὸν ἁρμονίαν εἶναι καὶ ἀριθμὸν, lehrten die Pythagoräer (s. Aristoteles).
Die Zahl als Gesetz der Dinge bildet die Ursache ihrer Eigenschaften
und Verhältnisse (b. Philolaus). Ἀρχύτας δὲ καὶ Φιλόλαος ἀδιαφόρως τὸ
ἓν καὶ μονάδα καλοῦσι καὶ τὴν μονάδα ἓν (Theo). Auf das Eine zum
Seienden folgt die Entwicklungsstufe des νοῦς νοητός und dann die des
νοῦς νοερός, bis zu den nach aussen hin wirkenden Schöpfungskräften
(b. Proclus), in Erhaltung der Welt durch Buddha's Wort (kraft moralischer
Tugend), s. „Die Terrassenhimmel der Buddh." (Z. f. E. 1881, V. d. A. G.,
October).

Setzen wir die Erde, (den kosmogenischen Hypothesen zufolge), als ausgebrannte Schlacke, hinausgeschleudert in die ihr vorgezeichneten Kreisungen, innerhalb der Räumlichkeit des Alls, so mögen sich aus der allmählig in der Peripherie angesammelten Atmosphäre (hypostasirte oder hypothetische) Feuchtigkeiten niederschlagen, worauf die aus der Quelle des Lichts als Wärme einfallenden Strahlen baldige Entwicklung anregend, das Gestein zersetzen werden, um, nach pflanzlichem Organismus, im thierischen zunächst, mit Würmern zu beginnen, die sich dann (der Philosophie, oder Theosophie, Samoa's gemäss), zu Menschen vervollkommnen (in der Evolution), durch angemessene Reiben von Uebergangsstufen, wie in der Genealogie der Descendenzler (vom Affen her), woraus sich die Jakun vervollkommnet haben (cf. „Geogr. u. Ethnolog. Bilder", S. 551). Doch da physiologische Einzelnheiten im Detail hier nicht in die Brücke einzufügen sind, mag der anregende Keim, wie in Gestaltung der einzelnen Wesen, auch beim Menschen direct jenen Schöpfergedanken ausdrücken, der für ihn dann weiter wirkt in Umgestaltung der Cultur, für den Zoon politikon, und seinen Völkergedanken, gesetzlicher Schöpfung (auf geographischen Grundlagen, aus klimatisch-siderischen Beziehungen).

Dies im Daseienden erweckte Leben eines Werdens, das unter typisch geschlossenen Kräfte-Aeusserungen zeitlichen Verlaufs, dasjenige in den Momenten der Gegenwart wiederholt, was im räumlich ausgedehnten Stoff aus der Vergangenheit bereits vollendet vorliegt, findet sich bei der Pflanze noch gebunden an irdischer Schwere, abgelöst in thierischer Bewegung, (mit elastisch emporschnellender Wärme), und bei dem Menschen, mit dem in's Jenseits hinausstrebenden Willen auf seine Zukunft hingewiesen (im lebendigen Fortdauern). So als Baiwe (der Lappen), wärmt die Sonne im Rennthier, für die Bedingungen der Existenz, und solche Vorstellungsweise im neuplatonischen Urquell (der φύσις), mag aus Erhaltung der Kraft weiterführen in naturwissenschaftlich durchgebildeter Psychologie bis zum Infinitesimalcalcul (des logischen Rechnens).

Was ist es, das hier lebt? was, (beim organischen Wachsthumsprocess des Denkens), mit' dem Ausdruck des Bewusstseins sich zeigt, aus ewiger Satzung? Was kann es sein, als ein Selbstgefühl dessen, was in harmonische Gesetze hineinreicht, soweit es reicht (im Verständniss).

Das der Materie bewegend Einwohnende, das sich in den Kräften (chemisch-physikalischen oder lebendigen) manifestirt, vermag sich im Anorganischen erst nach jedesmaliger Ueberführung in den Flüssigkeitszustand zu bethätigen, ausser den, im Magnetismus (im Zusammenhang mit electrischen Strömen), hervortretenden Einzelnfällen, oder in den Zwischenstadien strahlender Wärme (bis zum Licht). Im Organischen verbleibt der eindrucksfähige Zustand — (in statu nascenti), — um im niederen Verweilen beständig auf die wechselnden Eindrücke der Umgebung zuckend zu reagiren, während auf höheren Entwicklungsstufen die rythmisch eingeleitete Muskelbewegung selbstständige Centren erlangt in Willensäusserungen, welche, wenn bis auf psychisch fortschreitende Grade angewandt, dort mit dem Bewusstsein sich zur Ausgleichung bringt, in einheitlicher Thathandlung (des Denkens).

Was wirr im Traume schwirrt, besitzt nur die Bedeutung unklar (auf körperlicher Unterlage) verschwimmender Nachklänge aus dem Wachzustand bewussten Lebens, während in diesem der Gedanke, der unter gesetzmässigem Walten sich entfaltet, den allgemeinen Gesetzlichkeiten eingefügt bleibt (unter den Harmonien des Kosmos).

Der Wille ist die unter rythmischen Reizbewegungen im Organismus — (nach Zahlen-Verhältnissen bedingt, wie die chemisch werkthätigen) — hergestellte Zielrichtung.

Im Amoeben-Zustand, unter gleichartiger Zellenmasse, folgen die Gegenreize dem augenblicklichen Anreiz, um darnach im Ruhen wieder zu verklingen, wogegen bei complicirter Structur der Wille auf jedesmal bestimmte Zwecke hingerichtet hervortritt, und neben den physisch angeregten Störungen verlangen dann zugleich die psychisch eingreifenden Motive ihren Abgleich.

Indem nun beim Menschen neben psycho-physischen Agentien die des Logos hineinspielen, aus den im gesellschaftlichen Sprachaustausch gewonnenen Conceptionen, hat im Gegensatz zu dem Gefühl eines fremd Hinzugekommenen, das der eigenen Individualität zu erwachen, im Bewusstsein, mit dem der Wille verkittet bleibt, zur Klärung des Selbst (als integrirender Factor im Gesellschaftsgedanken).

Die aus allgemeiner Schöpfungskraft im Physischen gleichmässig immanente Thätigkeit tritt mit den Sinnen in die Aussenwelt hinaus, von wo die Reize in ungeregelt periodischen Unterbrechungen einfallen, und, je nach dem Fall, den Gegenreiz erwecken, bei Anregung der Bewegung im Zustand der Ruhe, durch die Aufmerksamkeit, welche in den Willen übergeht, und hier nun, mit höherer Fortentwicklung, können sich, im Psychischen, bereits Fragen stellen für diejenigen Beantwortungen, die in philosophirendes Denken überführen und hier ihre idealen Objecte vorfinden, die sich aus der gesellschaftlichen Atmosphäre dem ihr angehörigen Individuum zum Probleme stellen, (um an ihrer Lösung mitzuwirken). Οἱ δ'ἀριθμοὺς εἶναί φασίν αὐτά τά πράγματα (die Pythagoräer), ἀριθμοὺς ἐποίησαν τά ὄντα (ἐξ ἀριθμῶν τά ὄντα). Die Zahlen, (in den Principien des Begrenzenden und der Unbegrenztheit), erzeugen (nach der Einheit) die Reihe der arithmetischen (monadischen) Zahlen und dann die geometrischen Zahlen, als Grössen oder Raumgebilde (b. Philolaos), und geometrische Aufgaben sind arithmetisch zu lösen, beim Weg vom Sinnlichen zum Uebersinnlichen (durch logisches Rechnen).

In ihrem Verhältniss zur Physiologie, die durch Rückführung der Lebenskraft auf anorganisch in der Zellbildung wirkende Kraftäusserungen den Naturwissenschaften zugefügt wurde, hat die Psychologie, unter Fortführung gleicher Methode, in der Psycho-Physik eine Vorburg feststellen und befestigen können, und daneben bewegt sich die philosophische Physik, um im subjectivistischen Räsonnement über die im eigenen Selbst beobachteten Vorgänge, auf Dasjenige hin Vermuthungen zu wagen, was sich analogerweise bei den Mitmenschen, im Allgemeinen, annehmen lassen würde. Wenn hier dann über das Sinnliche hinaus, für die höheren Conceptionen im Idealen (oder Uebersinnlichen), eine wechselwirkende Herstellung, (nach Art der Reflexbewegung im Nervensystem der Physiologie), versucht worden, so verlor sich das Denken für seine Beziehungen zum Sein, in die (Mystik der) Intuition, um das Absolute zu erfassen, ehe noch die Rechenkunst aus proportionellen Verhältnissen (des Relativen) ihre genügende Uebung erlangt hatte, um einen Infinitesimalcalcul durchzubilden, wie es die naturwissenschaftliche Psychologie zu unternehmen haben wird, beim Ausgang von dem Gesellschaftsgedanken in seinen ethnischen Differenzirungen (mit anzuschliessender Integrirung des einbegriffenen Theils im Einzelwesen, für das Selbst eigenen Bewusstseins).

Auch im Idealen steht seinem Object die Anschauung gegenüber, jene über dem Sinnlichen in übersinnlicher Sphäre schwebende Anschauung, die nach Umsetzung der Hör- und Sehbilder in lautlich generelle Verklärungen, in die Welt der Vorstellungen hineinschaut, in die höhere Region der Gesellschaftswesenheit, worin sich deren Schöpfungen bewegen und das geistige Auge treffen, in Potenzirung des Sinnlichen bei Jedem, der als Factor mitgewirkt hat, — an Hervorrufung dessen, was in gemeinsamer Zusammenarbeit vollendet, jetzt der Empfindung wiederkehrt (für eigenes Verständniss).

Der Zellwachsthumstrieb im Organischen erweist die lebendig fortschreitende Schöpfungskraft, die das All durchwaltend, im Anorganischen, (nach momentanem Aufblitzen der Krystallisationsthätigkeit), in dauerndem Bestand verbleibt (soweit nicht periodisch, den Eigenschaften gemäss, durch fremd eindringende Körper wieder umgestaltend erregt). Im abgeschlossen verlaufenden Cyclus bildet sich kraft solches Zellwachsthumstriebes der Organismus, dessen Einzeltheile, nach besonderen Functionen arbeitend, sich zum einheitlich Ganzen gegenseitig ergänzen.

Auch in das Psychische setzt sich aus dem Physischen der Zellwachsthumstrieb fort, dort ununterbrochen im Allgemeingefühl weitergehend bethätigt, aber (je nach näheren oder entfernteren Nachwirkungen früherer Reizungen) zu bestimmten Tendenzen hingelenkt (im Denken), und dann den socialen Organismus gestaltend (mit seinen Structuren im Rechtlichen, zur Blüthe des Religiösen). Die Fähigkeiten der (gleich äusseren Reizeinwirkungen mit Eigenschaften begabten) Seele liegen in der bestimmungsfähigen Eindrucksfähigkeit (zum Selbstgefühl des Bewusstseins).

In all' dem sinnlich Zugänglichen, verläuft das darin Thätige in dem für die Auffassung Veränderten zeitlicher Bewegung, mit einem (kürzer oder länger) in sich verschlungenen Cyclus. Solch' physikalische Kräfte (der Wärme, Polarität, Electricität, Magnetismus etc.) führen sich über in die lebendigen, organischen Wachsthums, für veränderte Zustände der Materie im geregelten Verlauf, und unter periodischen Verdichtungen, in keimfähige Samen, deren innere Bildungsfähigkeit, wenn wieder aus der Latenz frei gesetzt, sich geordnet auseinanderfaltet, statt in gewaltsamer Detonation, wie wenn z. B. künstlicher Weise gewaltsame Verdichtung hergestellt ist (etwa bei der flüssigen Kohlensäure etc.). Bei animalischer Muskulatur compensirt sich das Zucken in materiellen Zersetzungen, unter temporärer Begleitung psychischer Erscheinungen (wie etwa blitzendes Aufleuchten bei electrischen Kraftwirkungen). Fällt nun solcher, auf materielle Unterlage rückführbarer Strahl, (oder Blitz), in sonst bereits psychisch gebreitete Atmosphäre hinein, wie den Gesellschaftskörper des Zoon politikon umschwebend, so entzünden sich jene Ideen, die ans Raum und Zeit in ewige Unendlichkeit hineinragend, dort sich mit den, terrestrische Bereichsweite überschreitenden Kräften berühren, wie sie das All durchwalten (in kosmischer Harmonie), nnd woraus dann wieder das individuelle Selbst (für eigenen Ziffernwerth) herauszurechnen bleibt (in der Logik des Denkens).

Das Lebensgefühl, in der ἀεὶ οὐσία φύσις (b. Porph.) hervorquellend, entfaltet im organischen Wachsthum das Gefühl eines (übersinnlich) Göttlichen; zum Unbegreiflichen (in der Gottheit) — oder Tahu-wakan (der Sioux) —, führt, „arcanus sensus, contactus quidem obscurus" (s. Thomassin), als „le sens divin" (b. Gratry): das beginnende Verständniss der in das Irdische, ans dem eingemischten „Elemente a priori" (b. Reid) hineinragenden Ideale, die in Klärung des Sprachverkehrs aus der gesellschaftlichen Sphäre (des Zoon politikon) entgegentreten, weil ihr adäquater Gegenreiz vorhanden ist, um je nach der Stufe der Entwicklung in höherer und hehrerer Gestaltung zur Empfindung zu gelangen, aus des zum Buddha Erwachten „Dharma" (naturwissenschaftlich begriffen im „naturwissenschaftlichen Zeitalter").

Der Stoff ist die Möglichkeit (δύναμις) zur Erfüllung (ἐντελέχεια oder ἐνέργεια) durch die Form (b. Aristoteles), nnd diese wird hineingetragen mittelst der Zahl (bei den Pythagoräern) im Denken, da sich Nichts ohne Zahl denken lässt (s. Philolaus), für das logische Rechnen (im Bewusstsein der Welt).

Δημόκριτος τοῦ ἀεὶ οὐκ ἀξιοῖ ἀρχὴν ζητεῖν (in der Atomistik), während die Eleaten vom Daseienden ausgehend, an Stelle des Werdens, das Sein als Grundprincip feststellten, um den Satz von Uebereinstimmung des Seienden mit dem Denken auszusprechen, nnd Spinoza ertheilte der Substanz, worin die Gottheit immanent, die Attribute der Ausdehnung nnd des Denkens (im Monismus), während Schelling den dualistischen Gegensatz von Natur nnd Geist im „Identitätssystem" (bis zum Synkretismus positiver Philosophie) aufheben wollte, wie Hegel im System des absoluten Idealismus durch dialektische Entwicklung der Subjectivität (Fichte's), wogegen beim Denken die Gottheit dem Menschen innewohnt (s. Aristoteles), denn „Es denkt" (im psychologischen Wachsthumsprocess), als „Tad" (brahmanischer Schöpfung). Allgemein waltet das Weltgesetz und demnach (in der Sankhya) seine Zahl, der Zahlen Zahl (οἱ ἀριθμοὶ φύσει πρῶτοι), kraft Dharma's Gesetzeskraft, und ans solcher Gleichheit, nnter relativistisch-proportionellen Ausgleichnngen (zwischen Aromana nnd Ayatana) zum Absolnten hin, mit (des Erwachten oder Erweckten) Durchschau der Bodhi, in jene Psychologie, die, um ein leeres Gespiel der Negationen zu meiden, sich mit naturwissenschaftlicher Erfüllung zu sättigen hätte (im naturwissenschaftlichen Zeitalter der Naturwissenschaften, um auch die Psychologie anzureihen).

Der Welt, in der wir leben, bietet sich die Vorstellung von der Welt, (in „Welt der Vorstellungen"), um sie lebendig zu durchdringen mit der Erkenntniss, die in verwandteren Vorgängen, als nächstliegenden, deutlicher klärbar, von dort dann weiter hinanszuschreiten haben würden: hinaus in die Unermesslichkeit des Alls, soweit die Fackel des Wissens nun eben reicht, im jedesmaligen Falle gesichert jedoch, zugleich (im inneren Vertrauen), für die Richtigkeit des Vorgehens, durch die Controlle logischen Rechnens (innerhalb kosmischer Harmonien).

L'induction et la déduction sont les deux procédés logiques fondamentaux de la géométrie comme de toutes les sciences (s. Gratry), und so für die Psychologie (bei naturwissenschaftlicher Durchbildung derselben).

Wie aus dem, einem Irdischen zugewandten, Spiegel dieses, reflectirt sich (s. Bantain) in dem des Himmlischen das solchem Angehörige, und was hier im Einzelnen wieder erscheint, strahlt zurück aus den im Sprachverkehr hervorgesprossten Idealen der Gesellschaftswesenheit, wie in den Völkergedanken typisch modificirt (geographisch-historisch).

Die Geschichte ist die Entwicklung der Ideen (s. Cousin) zum Weltverständniss (bei Erweiterung über das Menschengeschlecht). Und der Ausgang (zum Anfang)*) ist in dem Gegebenen zunächst zu nehmen (für Unendlichkeitsberechnungen der Zukunft).

Die körperhaft sinnlichen Productionen wachsen (unter allgemein waltenden Gesetzen) aus dunkel verhülltem Urgrund in das Dasein empor, die bei höchster Blüthe derselben (in der Menschheitsconstitution) entfalteten Manifestationen eines Geistigen schreiten fort, dem Jenseits der Zukunft entgegen, und zwar einem für irdische Augen (im Horizont in Raum und Zeit) allzu blendend strahlenden, als dass in deutlichen Einzelnheiten sich jetzt bereits schon die Umrisse unterscheiden lassen, worunter ewige Unendlichkeit abgezeichnet zu stehen hat (wie im logischen Rechnen zur Gewissheit verfolgbar).

---

*) Ἀρχάς μὲν τῶν ὄντων τοὺς ἀριθμοὺς Πλάτων τε καὶ οἱ Πυθαγόρειοι ὑπετίθεντο (s. Aristoteles), zum Ausrechnen (in naturwissenschaftlicher Logik). ἀρχὴν μὲν τῶν ἀπάντων μονάδα, lehrt Pythagoras (s. Suidas). Bei der Uebereinstimmung (ohne Causalnexus) zwischen Denken und Ausdehnung (in Ordnung und Verbindung) ist jeder Gedanke immer nur die Idee des zugehörigen Modus der Ausdehnung (b. Spinoza) und Gott die Eine Substanz (mit den Attributen des Denkens und der Ausdehnung). Denken ist Rechnen (b. Hobbes) in naturwissenschaftlicher Logik (der Psychologie). „Quum pictor praecogitat imaginem quam facturus est, habet eam quidem jam in intellectu et intelligit jam esse quod fecit" (s. Anselmus), und so in der Evolution (mit dem Zweck gegeben); ἦ εὐάγχης ἦν εἶναι εἶναι τὸ ὂν καὶ ἄλλο οὐδέν (s. Parmenides), bis auf eine Rechnungsweise mit negativen Grössen (im höheren Calcul). Hegel's Logik behauptete, dass sie sich im Gegensatz gegen alle Anschauung und selbst im Gegensatz gegen das geometrische Bild im Element der reinen Gedanken bewege (s. Trendelenburg). Τὸ νεῖκος ποιεῖ πάντα (s. Hermias) mit wechselwirkenden Gestalten (aus der Negation), in Ruhe der Harmonie (b. Empedokles), als Nirwana (zur Realität, durch Negation der Negationen).

Indem die Wurzel eingeschlagen liegt (psycho-physisch) in der unversiegbaren Quelle stets wallender Schöpferkraft, wodurch sich das Sein erhält (im Werden), participirt das Bewusstsein an der φύσις ἀεὶ οὐσία, aber weil innerhalb der Peripherie des Existirenden, seine eigene Essentia sich erst gestaltend, liegt diese hinaus über den Kreislauf des Endlichen, weil in das Unendliche hinausragend durch darauf gerichtete Gedanken (aus den Harmonien des Alls ernährt). Hier liegt zugleich derjenige Zusammenhang eingeschlossen bedingt, der sich dem Sehnen in Hoffnung auf einstiges Wiedersehen fühlbar macht, durch physische Verknüpfung mit verwandter Liebe und durch geistige (mit dem Geistesverwandten). Im Bewusstsein stetigt sich der nothwendig gegebene Fortbestand (wie, wo oder wann nun auch immer), nothwendig gegeben als solcher im Nothwendigen (κατ' ἀνάγκην der Atome) gefestigt (mit Bewusstwerden des Gesetzes).

Der in gemeinsamer Abstammung gegebene Zusammenhalt, der kraft stärkeren Rechts (des stärkeren Geschlechts) bei den Thieren mitunter bereits (heerdenweise) Ausdehnung erhält (mit der Macht des Brunsttriebs), erweitert sich beim Menschen unter dem Bande der Sprache (im gesellschaftlich freien Verkehr), und so tritt, im Ausdruck der Einheit, die fictitive Familie hervor, bei der Gens (als Clan) sowohl, wie etwa in den stereotypen Namen eines Geschlechtsvertreters (auf Samoa), zur mythologischen Anknüpfung (an den Ahn).

Auch hier kommt ein Recht des Stärkeren zur Auswirkung, indem die unter günstigen Verhältnissen verlängerten Gedankenreihen oberer Gesellschaftsschichtungen dominirend über die unteren weggreifen, diese beherrschend.

Im persönlich engeren Verkehr des Gedanken- und Sprachaustausches kann dann selbst, unter besonderen Veranlagungen, persönliche Rückwirkung statthaben, durch psycho-physische Leitung im Einzeln-Individuum (bei der Suggestion).

Und der Culturgang bedingt sich unter dem Einfluss derjenigen Ideen, die in ihm zu leitenden werden und bei vernunftgemässer Leitung die Gesundheit bewahren (durch vernunftgemässe Lebensweise).

In der Harmonie kosmischer Gesetze wird für innerliche Befriedigung gleichfalls der Einklang gefordert, die Stimme des Gbesi zu beschwichtigen, in des Schwarzen's Herzens-Gewissen ebenfalls, und weisser dann, weiser oder heller, erstrahlend in activer Tugendbethätigung (der Civilisation), wenn der Gerechtigkeit gerecht, (unter Sühnung*) jeder Schuld, wie verschuldet).

---

*) Anaximander lässt in unendlich weitem Walten des Vergehens und Entstehens die δίκη ordnen (zur Busse der Adikia) nach „Bun“ und „Bab“ (der Karma). Καθ' εἱμαρμένην δὲ φασὶ τὰ πάντα γίνεσθαι (der Stoiker). Die Gerechtigkeit (δίκη) wirkt im Sein (des All und Ganzen) als zusammenhaltendes Mass der Dinge (b. Parmenides). Jaimnz ἡ πάντα κυβερνᾷ (im Daimonion der Gottheit). αἴτιον ἔρα τι ἐστιν (und Heilwort dem Schmerz). Ὁ τοῦ Ὀρφέως Οὐρανός οὖρος καὶ πάντων φύλαξ εἶναι βούλεται (s. Ach. Tat.), εἰς Ἔρωτα μεταβεβλῆσθαι τὸν Δία, μέλλοντα δημιουργεῖν, (lehrte Pherekydes), τοῖς Ὀρφικοῖς τὸ πρώτιστον αἴτιον χρόνος προσείρηται (Proclus).

Der κύκλος ἀνάγκης innerhalb der von Mara beherrschten Sinnes-
himmel wird, wie Jaldabaoth's Zaun (in der Gnosis), durchbrochen für
das höhere Licht der Rupa-Himmel*), aus denen sodann das neue Evan-

---

Die Eurythmie besteht in einer geschlossenen Aneinanderreihung gleichgeformter
Raumabschnitte (s. Sempor). Pulchra numero placent (s. St. August). La réalité
morale non plus que la réalité physique ne s'imagine pas, elle se constate (s. Nourrisson). Es handelt sich um τὰ δὲ πρὸς ἄλληλα (nicht τὰ μὲν αὐτὰ καθ᾽ αὐτά). In
die Moral setzt Socrates das Allgemeinprincip (τὸ καθόλου). Morte carent animae
(s. Ovid). Der Mensch (von den übrigen Wesen verschieden) begreift (ξυνίησι).
Jedes Schliessen (um die Zusammensetzung aus den Theilen zu gewinnen, oder die
Theile aus einander abzuleiten) kommt in Denkoperationen (wie beim Zählen) auf
ein Addiren und Subtrahiren hinaus (s. Hobbes), für die Logik (das Instrument des
Erkennens) in der Rechenkunst (computatio sive logica). Denken ist nichts anderes,
als ein Rechnen, d. h. ein Addiren und ein Subtrahiren, unter welchen auch das
Multipliciren und Dividiren begriffen sind (b. Hobbes), „auf ein Entstehenlassen und
ein Wiederauflösen zurückzuführen" (s. V. Mayer). Toine reproduisent les idées de
Hobbes a cru pouvoir réduire à un calcul toute l'opération de la pensée et com-
parer l'union et la désunion logique à une addition et une soustraction (h. Nourrisson), in Induction und Deduction (logischen Rechnens). Als reale Einheit der
Vernunft-Ideen unterscheidet sich (h. Platon) ἑνάς von μονάς (die Einzelheit der
im Raum aneinandertretenden Gegenstände). Was nicht mehr als Monas existirt,
kann sich auch nicht denken als Einheit, was sich aber als Einheit weiss, ist auch
Monas noch (s. A. Günther). In der Ewigkeit ist nicht Zahl (s. Eckhart), τὸ ἓν
εἶναι φησὶ τὸν θεόν (Xenophanes). Plato führt die Ideen auf die Zahlen (s. Theophrast), εἶσὶν ἀριθμοὶ τὰ εἴδη (b. Aristoteles). „Omnis opinio ratio est" (s. Cicero) im
logischen Rechnen (richtig oder unrichtig). Die Zahl ist eine aus Einheiten (ἐκ
μονάδων) zusammengesetzte Vielheit (b. Euclid). τὸ ἓν στοιχεῖον καὶ ἀρχὴν φασιν
εἶναι τῶν ὄντων (die Pythagoräer), ἓν εἶναι τὸ πᾶν (Parmenides). Nichts kann ohne
Zahl gedacht werden (b. Philolaos). Die vollkommenen Erzeugnisse der Urkraft
sind selbstständige Einheiten oder Monaden (αὐτότητες ἑνάδες) im Neuplatonismus
(s. Arnold). Le premier principe, d'après les Pythagoriciens, est l'Un, τὸ ἓν, qui
s'élève au dessus de tous les contraires (h. Plato). pria dans un sens éminent et
supérieur l'Un est le principe universel (cf. Eudorus), comme le dit Damasclus: l'Un
précéde la monade (s. Chaignet), τοὺς ἀριθμοὺς αἰτίους εἶναι τοῖς ἄλλοις τῆς οὐσίας
(die Pythagoräer), ἐξ ἀριθμῶν τὰ ὄντα (s. Aristoteles). Ὁ λόγος, ἡ συμφωνία ἀριθμῶν
(bei den Pythagoräern) zum harmonischen Vorständniss (kosmischer Kräfte).

*) Die Sebastiel im höchsten Stufengrad (der Pythagoräer) lebten der Medi-
tation (s. Photius). Die Pythagoräer theilten das All dreifach (Olympos, Kosmos,
Uranos). L'homme est un Dieu tombé, qui se souvient des cieux (s. Lamartine),
aus dem Aufenthalt in den Meditations-Terrassen (beim Wechsel der Existenzen).
Der „Philosophos" kommt aus dem himmlischen Vaterland in die Versammlung der
Menschen zur Betrachtung (wie Pythagoras erklärt). Neben dem Himmel, als
ὄλυμπος ἔσχατος unter den die Kugel umspannenden Kreisen aus Sternem und (oben)
Feurigem (h. Parmenides), bezeichnet „Aether den Raum, wo die Gestirne kreisen"
(s. Steinhart), τὰς ψυχὰς πέμπειν ποτὲ μὲν ἐκ τοῦ ἐμφανοῦς εἰς τὸ ἀειδές, ποτὲ δὲ ἀνά-
παλιν φησὶ (s. Simpl.) die Gottheit, und Ἅπαν πολύπονος ἔχει κλήσεις ἀμοιβούς, (am
Thor der Aether-Regionen). Πύλαι νυκτός τε καὶ ἤματος schliessen die oberen Welten
ab (zur Wägung in Karma). Πρῶτον μὲν ἄνθρωπον γίνεσθαι καὶ τότε θεόν (s. Jam-
blich). Die auf der Oberwelt zurückgesandt, dreimal ein schuldloses Leben geführt
haben, gehen ein in's seelige Reich des Kronos (b. Pindar), ἐγὼ δ᾽ ὕμμιν θεὸς ἄμβρο-
τος, οὐκ ἔτι θνητός (s. Suidas) im Spruch (des Empedokles). Gott wird und vergeht,
nicht die Gottheit (h. Eckhardt), wie das Dharma bleibend dauert (unter Vorüber-
gehen der Tathagata, für jedesmalige Periode).

gelium herabkommt, für letzte Wiedergeburt zur Menschwerduug (in
jungfräulichem Leib) s. „Buddh. i. s. Ps." (S. 244 a. a. O.).

Die Sprache ist das den (geistigen) Gesellschaftskörper, (den Zoon
politikon auf psychischer Seite, als seine Besonderheit bedingend), durch-
ziehende Existenzprincip (mit den Worten, als Ausdruck der Functionen),
seelisch gleich der (leibbildend gefassten) „anima vegetativa", als
„Entelechia", und worin sie sich bethätigt, (im Product solcher Bethätigung), ergiebt sich als Vernunft*), bei Auseinandersetzung des Einzel-
wesens mit den ihn einbegreifenden Gesellschaftsgedanken (nach logischem
Rechnen).

Wenn Sprache und Vernunft zu gleicher Zeit entstanden sein sollen
(b. Geiger), so hätte sich dabei die (in und durch Vernunft bethätigte)
Sprache (in ihrer Essentia), als eine jener Vorbedingungen der Existenz
überhaupt zu ergeben, wodurch in diesem Falle der Stempel der Menschheit erst aufgeprägt wird (für die Gesellschaftswesenheit der Menschen).

„Wie in der Natur ebenso liegen auch der Kunst nur wenige Normal-
formen und Typen unter, die aus uraltester Tradition stammen, in stetem
Wiederhervortreten dennoch eine unendliche Mannigfaltigkeit darbieten,
und gleich den Naturtypen ihre Geschichte haben" (s. Semper), nach
dem „Gesetzcodex der practischen Aesthetik" (unter „ästhetischer Nothwendigkeit"), in Wechselwirkung mit geographisch-historischer Umgebung
(bei den ethnologischen Sammlungen). Durch die „speculative Aesthetik"
(„viel Kunstrhetorik, aber wenig Kunstempfindung") wird das „unmittelbar
anschauende Denken" keinerweis gefördert, und „so erinnert die speculative Aesthetik in manchen Beziehungen an die Naturphilosophie; wie
diese die exacte Forschung, wird jene die empirische Aesthetik zur Nach-
folgerin haben" (1878), durch inductive Behandlung der ethnologischen
Thatsachen, als naturnothwendiger Ausdruck des normalen Volksgeistes
(in seinem Schöpfungsgedanken), während im künstlerischen Schaffen der
Individualität eine ausnahmsweis das gewöhnliche Niveau überragende
Begabung hervortritt (und desshalb, als Ausnahme, nach Feststellung des
Regelmässigen erst, richtig gewürdigt werden kann). Als Logik des
unteren Erkenntnissvermögens (b. Wolf) erhält die Aesthetik ihre Begrün-
dung (durch Baumgarten), zum Anschluss an die sinnlichen Gesetze der
Psycho-Physik für ethnische Variationen (nach dem Stoff zugleich). Das

*) Indem wir nicht in Worten, sondern in ganzen Sätzen denken (s. Waitz),
läuft die concrete Existenz der Abstracta in das Organische aus (beim psychischen
Wachsthum des Denkens). Die Erkenntniss bedarf der Sprache, um sich zu allgemeinen Ideen zu erheben (s. Dugald-Stewart). Non do rerum generibus neque de
rebus, sed de sermonibus rerum genera significantibus (s. Boethius) in den „voces"
(b. Anselm) handelt die Dialektik (statt über „res"). Les langues se sont dévelopées
selon des lois constantes, naturelles; elles se sont perfectionnées par l'usage. Leur
etymologie a insensiblement disparu pour faire place à des termes plus elliptiques
et plus abstraits, de plus à plus appropiés à l'intelligence et aux besoins de chaque
peuple (s. Gilardin), nach geographisch-historischen Differenzirungen (im ethnischen
Typus).

Schöne*) ist das Gefühl der Weltharmonie, in der wir uns selber eingestimmt finden (s. Leibniz), beim Uebergang vom εἶδος zur ἰδέα (im Noumenos).

Je nach verhältnissmässiger Abschätzung im System mögen sich Arten, für ihre Variationen, zu Gattungen erweitern, unter Zuziehung von Kreuzungen (in den Rassen), soweit rationelle Erklärung auf dem Boden des Thatsächlichen zu verbleiben vermag, und auch eine Descendenz darf ausverfolgbar sein, soweit vorangehende Entwicklungsstadien eines Geschöpfes als frühreif in's Leben getreten nachweisbar wären (mit schon erlangter Fortpflanzungsfähigkeit), während über den selbstständigen Abschluss hinaus, der Zusammenhang, beim Zusammenbruch, in primäres Blastem eingeführt wäre, also in die den Ursprung berührenden Räthselfragen, die nicht direct zu lösen sind (unter welcher Titulatur sie auch eingeschmuggelt werden sollten), ehe nicht zu den im organischen Werden waltenden Gesetzen vorgedrungen ist (auf dem Wege einer naturwissenschaftlichen Psychologie).

Das Protoplasma hat keinen Ursprung, als aus sich selbst, und wo

---

*) Das Schöno ist der Ausdruck des Unsichtbaren durch das Sichtbare (h. Jouffroy). Die Verwirklichung des Phantasiebildes ist die Kunst (h. Hegel). Das Bedürfniss des Schönen geht aus dem Innern des Menschen hervor, die Befriedigung kann nur in der Welt der äussern Erscheinung gefunden worden (s. Schnaase). Der Stil, als das in sinnlich künstlerischen Formen verkörpte Empfindungsvermögen bestimmter Zeiten oder Nationalitäten (h. Rumohr), spricht sich im Völkergedanken aus (im ethnologischen Setzen). Tout s'enchaino dans l'harmonie de la création (s. Gilardin). Καθ' ἁρμονίαν ξυνεστάναι τά ὅλα, lehrte Pythagoras (s. Diog. Laertes), ἐστι γάρ ἁρμονία πολυμιγέων ἕνωσις καὶ δίχα φρονεόντων σύμφρασις (s. Nikom.). Zeus verwandelt sich zur Weltbildung in Eros (h. Pherekydes), πρῶτιστον μὲν Ἔρωτα θεῶν μη τίσατο πάντων (s. Parmenides). Die höchste Schönheit ist die geistige Schönheit im Menschenleben (s. Fries). „Essentiae rerum sunt immutabiles" (neben Accidenzen) für den „Modus essendi" (modus agendi), als Accidenz (in der Art und Weise eines Dinges zu sein). Die Eigenschaften bilden, als „notae sive characteres" (Determinates) der Dinge, die Attribute (als propriotates). Das Angoboronsein der Idee beruht auf der „faculté de la produire" (h. Descartes). Der Stoff ist Möglichkeit (δύναμις) zur Erfüllung (ἐντελέχεια oder ἐνέργεια) durch die Form (s. Aristoteles). Im „sentir des rapports" (h. Destutt de Tracy) fasst sich (sensualistisch) das Rechnen nach Verhältnisswerthen (für die Logik naturwissenschaftlicher Psychologie). Alle gesunde geistige Entwicklung besteht darin, dass Energie von niedrigen Zwecken auf höhere hinübergelenkt wird (s. Höffding), φανερόν ὅτι πρότερον ἐνέργεια δυνάμεως ἐστι (s. Aristoteles). There is the sympathy with both forms of feeling: the mental and the sensational (s. Hack Tuke). Die sicherste und klarste Beziehung des Verhältnisses der Philosophie zur Religion und Gottheit, wird stets in dem Verhältniss jener zu Kunst und Schönheit herzunehmen sein (s. Weisse). Τοῦ χρόνου ἀεὶ προλαμβάνει ἐνέργεια ἑτέρα πρὸ ἑτέρας, ἕως τῆς τοῦ ἀεὶ κινοῦντος πρώτως (s. Aristoteles). Les infininiment potits ont une existence réelle (s. Poisson). Der Gedanke muss bis auf die Elemente der Metaphysik zurückgehen, ohne welche keine Sicherheit und Genauigkeit, ja selbst nicht einmal bewegende Kraft in der Tugendlehre zu erwarten ist (s. Kant). Il faut accepter les résultats de l'expérience, tels qu'ils se présentent, avec leur imprévu et leurs accidents (s. Claude-Bernard). Omnia regulautur lege aeterna (s. Thom. Aq.), und so herrschen Naturgesetze auch im Ueber-Natürlichen (der Psychologie).

Protoplasma ist, entsteht nur Protoplasma (s. Preyer), und so steckt der Anfang, wie unter all' solchen Titeln (und zwar um kein Tüttelchen näher) im Räthsel (der Welt). „L'évènement le plus intéressant pour l'espèce humaine est, sans doute, la découverte du nouveau monde et le passage aux Indes par le cap de Bonne-espérance" (s. Raynal), bei Anbruch der Neuzeit (mit inductiver Forschungsmethode). Wenn die Philosophie ihr Grau in Grau malt, dann ist eine Gestalt des Lebens alt geworden, und mit Grau in Grau lässt sie sich nicht verjüngen, sondern nur erkennen; die Eule der Minerva beginnt erst mit der einbrechenden Dämmerung ihren Flug (s. Hegel), aber seitdem bereits, (nach dem Traumschlaf in der Nacht der Meditation), hat ein neuer Morgen getagt (mit ethnischer Psychologie).

Wie schon die Art, ist Genus oder Familie eine geistige Schöpfung, aus gewissen Denknothwendigkeiten hervorgerufen, aber unter dieser Terminologie im Genaueren nur durch jedesmal gültiges System bestimmbar, und an dessen Wechseln also theilnehmend, weshalb für unbestimmte Allgemeinheit, in noch unbekannter Grösse, die Idee substituirt werden mag (als Schöpfungsgedanke), von dem „genus humanum" z. B., im genus ursinum, genus leporinum u. dgl. m. Hier würde dann das terrestrische Zerbrechen in die durch die physiologischen Agentien der geographischen Provinzen bedingten Variationen folgen, und so bietet sich in den Gleichungen erster Ansatz zum logischen Rechnen (mit den Differenzen). Die Schöpfung ist die Verwirklichung der göttlichen Ideen (s. Lamennais) im Schöpfergedanken, der Schöpfungsgedanken, (wenn nachgedacht).

Wenn der Begriff der Gattungen oder Arten leichtmüthig Preis zu geben wäre, würde, ohne den durch die Ordnung des Nous in das primäre Chaos eingeführten Anhalt, ein Rückfall in dieses drohen, inmitten unendlicher Reihen (für Ursprungsfragen). Für das logische Rechnen bedarf es der Stützpunkte des Systems, aber dieses darf nicht, mit philosophischen Prätensionen, als definitiv Fixirtes in die Natur hineingetragen werden, sondern aus ihr vielmehr lernend, hat mit Vervollkommnung noch unvollständiger Induction, das jedzeitig geltende System dem correspondirenden Standpunkt thatsächlicher Erkenntnisse sich anzuschliessen (für Erkenntniss des Denkens in verständlichen Begriffen).

Der Ausdruck ἀρχή wurde zuerst von Anaximander gebraucht (s. H. Ritter), und diese ἀρχή*) ist nach ihm das „Unendliche" (ἄπειρον), für Verbindung des Gleichartigen (bei der Entmischung) nach dem Gemeinsein (im Entstehen und Vergehen unter Ordnung der Zeit). Δημόκριτος τοῦ ἀεὶ οὐκ ἀξιοῖ ἀρχήν ζητεῖν (s. Aristoteles), an den Atomen festhaltend, mit späterem Fortgang vielleicht zum höheren Calcul (in naturwissenschaftlicher Psychologie), nach Erlernen elementaren Rechnens (auf dem Abacus pythagoricus).

---

*) Die ἀρχή ist ἄρχεται (s. Simplicius) in der φύσις ἄπειρος (Anaximander's), ἐν ἀρχῇ πάντων (s. Pyth.). Der Anfang ist unmittelbar (s. Hegel), ἀρχαὶ ἀγεννήτεραι und ἐκτός werden unterschieden (b. Aristoteles). Aus der Unsichtbarkeit in Gott, als ἀρχέτυπος (b. Plutarch), treten im Limbus („Mysterium magnum") die sichtbaren Dinge hervor (s. Paracelsus).

Die Welt ist geschaffen nach den Musterbildern, aus dem inneren Sprechen Gottes (b. Anselm), und so fasst sich die Welterhaltung als fortgehende Schöpfung (nach Buddha's Gesetzeswort für seine Periode). Die Ursache, als Totalursache (causa integra), ist die Summe aller derjenigen Accidenzen, sowohl des thätigen als leidenden Theils, die, wenn sie alle vorhanden sind, die Wirkung ebenso nothwendig machen, als sie, wenn auch nur eines fehlt, dieselbe unmöglich erscheinen lassen (b. Hobbes). Die zur Hervorbringung einer Wirkung erforderlichen Accidenzen des thätigen Theils machen die „causa efficiens" und die des leidenden Theils die „causa materialis" aus (s. Mayer). „Patet igitur, quod Deus et Hyle et mens una sola substantia sunt" (s. David Din.). L'induction n'est au fond qu'une déduction conjecturale, hypothétique, qui se vérifie à son tour par ses conséquences et qui se change par cette vérification en une déduction certaine et définitive (s. Gilardin). Ἀυτὰρ ἀκίνητον μεγάλον πείρασα δεσμῶν ἐστίν, ἄναρχος ἄπαυστον (s. Parmenides). Quidquid est causa causae est etiam causa causati (s. Alanus). Πάντα φύσει ἔχει τι θεῖον (s. Aristoteles). „Ogni cosa ha la divinità latente in se" (s. Bruno). Οὖλος ὁρᾶ, οὖλος δὲ νοεῖ, οὖλος δὲ τ'ἀκούει (s. Xenophanes), als Uli in Hawaii.

In der Seele (des Lama) lebt Tschöngu im Bilde fort, während Prul-gu wiedergeboren wird und Lon-gu in den Himmel eingeht, auch Ngobunitgu erreicht werden mag (im Nirwana), also in den Hauptpunkten (mutatis mutandis) der Psychologie Guinea's entsprechend, in Sisa neben Kla und Bla (Ka und Ba zur Pharaonen-Zeit). Die Seele*) (b. Philolaos)

---

*) Die Seele (als Endelechia) „velut emanatione defluxit" (b. Bernhard von Chartres) und „naturam informavit" (mit dem unvollkommen Bösen in der Materie). Sans la psychologie jamais ou n'aura do passage à la theodicée, à la morale, à l'ontologie, aux autres parties de la science philosophique (s. Gilardin), bei Einheit des Denkens und Seins (b. Parmenides). „Lust- und Unlustgefühle sind die einfachen Grundphänomene, aus denen das gesammte Gefühlsleben des Menschen sich aufbaut" (in den Psychosen). Die höchste Vernunft (bei den Stoikern) als feinster Stoff (πνεῦμα ἐνθερμον) entspricht den Orang-Alus (der Passumah). Τὴν τῆς ψυχῆς ἱστορίαν εὐλόγως ἀν ἐν πρώτοις τιθείημεν (s. Aristoteles). Sentit animus se moveri (s. Cicero). Καθάπερ ἐν σώματι τούτῳ τέθαπται (s. Philolaos) die Seele (ὡς ἐν φρουρῷ τινι). Die Urseele (b. Proclus), als das an sich Lebendige (αὐτοζῶον), ist die Ganzheit (πᾶν) in den Theilen (s. Steinhart). Die Unsterblichkeit der Seele (b. Alemäon) folgt aus immerwährender Bewegung (ὡς ἀεὶ κινουμένη). Die Seele bleibt nach dem Tode fortwährend mit derjenigen edlen Substanz verbunden, die man den universellen Verstand nennt (b. Ihn Sina), als göttliches Wissen der Religionsstifter (s. Landauer). Ἤδη γὰρ ποτ' ἐγώ γενόμην κοῦρός τε κόρη τε | Θαμνος τ'οἰωνός τε καὶ εἰν ἀλλὶ ἔλλοπης ἰχθυς, in Empedokles Seelenwanderung (Fleischgenuss verbietend). Die Tecunas (die Maske des Teufels Itobo zu Tänzen verwendend), glauben, dass die Seele nach dem Tode in andere Leiber, auch vernünftiger Thiere, übergehe (s. Monteiro), im Hinstreben auf höhere Rangstufen der Wiedergeburten, vom Loka-tsit zum Lokattara-tsit, (s. „Relig. Pr.", S. 52). The Kamilaroi and Wiradhuri tribes (on the Darling) have a traditional faith in „Baiame" or „Baiamai" (the Maker); he makes the grain to grow and provides all creature food (gave them a sacred wand, which they exhibited at their „bora", the initiatory rite of admission to manhood). Near the Narran-river is a hole in a rock (where, they say, Baiame used to rest). Baiame

ist nach den Zahlenverhältnissen ihrer Harmonie mit dem Körper verbunden (s. Claudianus), zur Strafe an den Körper gefesselt (nach den
„alten Theologen und Wahrsagern"). Nach dem νοῦς (im Haupt), der
ψυχή καὶ αἴσθησις (im Herzen), der ῥίζωσις (im ὀμφαλὸς), der γένησις
(im αἰδοῖον), unterscheiden sich ἄνθρωπος, ζῶον, φυτόν und ξυνάπαντα
(b. Philolaos). „Anima non est homo" (s. St. Thomas), in Verbindung mit
dem Körper (auch bei der Auferstehung), aber erst in Gesellschaftswesenheit vollendet (beim Zoon politikon).

Iu seelischer Präexistenz (b. Plato), weilt (dem Neger-Philosophen)
Kla bei Mawu in Nodsie, um am Geburtstag des Dsogbe (unter den
Eweern) geboren zu werden, als Schatten oder Luwo in den Körper ein-
fallend, mit dem Reflex als Aklama (für Personification des Edro) im
mitgeboren Genius (b. Censorinus), als Schutzgeist (des Totem) zu be-
gleiten, durch irdisches Leben, wie auch die Fölgie (in Norwegen), oder
Fylgja (mit Lamingja) sich gern in Gestalt eines Thieres zeigt, „das mit
der Sinnesart des Menschen stimmt, dem sie angehört" (s. Grimm). Was
von der göttlichen Seelensubstanz, während der Berührung mit dem Leiblichen, dort aukleben bleibt, wird als Bla in der Stammesseele (mit erblicher
Fortpflanzung des Traducianismus) wiedergeboren, während die moralische
Verschuldung (im Gbesi oder Gewissen redend), — dasjenige also, was
beim Tode nicht wieder voll in die Hälfte des idealistischen Prototyps
(eines polynesischen Atua) übergehen kann —, als gespenstisches Sisa (der
Odschi) am Grabe schwebt, und von den Priestern nach den Inseln des
Volta fortzuscheuchen versucht wird, doch widerstrebend nur, weil lieber
neuen Einkörperungen, in Metempsychosen, nachstellend, um durch fort-
gehende Reinigungen die Schuld zu sühnen (indess beim gewaltsamen
Eindringen, als dämonisch Böses der Besessenheit gefasst und ausgetrieben).
Was sich nun aus dem himmlisch Oberem eines ἔξωθεν zutretenden Nous
(b. Aristoteles) im Körperlichen abschattirt, spiegelt aus den im psychischen
Wachsthumsprocess gerciften Idealen der Gesellschaftswesenheit, in deren
Atmosphäre lebend und webend das Individuum zum Bewusstsein erwacht,
und indem und weil solche Ideale aus überirdischen Gestirnen strahlen,
hat sich die jenseitige Ursächlichkeit vorauszusetzen, aus einem „lex
aeterna" (b. Thom. Aq.) in harmonischen Gesetzlichkeiten des Kosmos
(für logisches Rechnen des Denkens).

Mit dem Ich, dem Grundpfeiler des positiv Wirklichen, dem Nicht-
Ich gegenüber (eines Negativen in Negationen), unterscheidet sich das
Wirkende (in den Empfindungen) und die Thätigkeit (des Willens). Den
Sinnen stehen ihre adäquaten Ergänzungen gegenüber (als Aromana der
Ayataua), und auch die Muskularbewegung verläuft innerhalb weiter oder

---

(the supreme judge, who awards to men their future lot) once showed the black
fellows how to get rid of „Mullion", a demon in the form of an eagle, who lived
in a tree and devoured many people (s. J. Ridley). Die Guten gehen nach War-
rambool (fruchtreiche Wasserläufe) am Himmel (the Milky Way, als indianischer
Seelenpfad).

enger umschriebener Peripherie, in der Reflexbewegung der Pupille beim Auffall des Lichts, oder ob in der beabsichtigten Schliessung der Augenlider ohnedem (je nach dem Rückgang auf die bewegenden Ursächlichkeiten bei den Bewegungen, die im muskularen Zucken erfolgen, bis auf lang complicirte Bahnenreihen hinaus).

Ausserdem jedoch manifestirt sich jene Thätigkeit des Willens, wodurch der Einzelne, innerhalb der aus gesellschaftlicher Psyche geschaffenen Sphäre, seine Eigenheit markirt, als integrirender Theil (oder als Theilganzes) im Ganzen (der Gesellschaftswesenheit des Zoon politikon), und hier wird die Action sich um so mehr als recht und gut, (als normal gesund also), beweisen, je mehr im Einklang eben mit den idealen Gütern ethischer Moral im (ethnischen) Völkergedanken, entsprechend den Stadien der Cultur, worin derselbe gepflegt worden ist.

Als Nomologie erforscht die Psychologie die den Erscheinungen (in der Phänomenologie) unterliegenden Gesetze, um (in der Ontologie) die des Geistes zu folgern (s. Hamilton), beim Ausgang von den „principles of common sense" (self-evident truths), durch innere Erfahrung zu erkennen (s. Reid), aber objectiv erst zum Verständniss gebracht für eigene Erfassung eines Selbst (durch logisches Rechnen). Das „Ich*)" der intellectuellen Anschauung" für den Philosophen reservirt (h. J. G. Fichte), entfaltet sich für Alle und Jeden im Besonderen aus der Gesellschaftswesenheit (im naturwissenschaftlichen Zeitalter).

Wir leben in der Activität des Willens (beim Denken), in den während des psychischen Wachsthumsprocesses (unter aufeinander folgendem Umgestaltungsstellen) ununterbrochen, (beim Wachzustand), fortgehenden Entladungen desselben, und erst aus dem so gebreiteten Licht kommt auch der abdunkelnde Hintergrund der Allgemeingefühle zum Bewusstsein (mit kurzdauernder Nacherinnerung aus dem Schlafträumen), die „caecas cogitationes" (b. Leibniz) zur Empfindung bringend, in welchen es weiterwallt aus den Unterschichtungen im Wurzelgetriebe (dem physischen Organismus eingesenkt),

---

*) Das Ich (le moi de chaque homme) est tout à la fois la conscience de ce qu'il est et le souvenir de ce qu'il a été (s. Condillac), mit dem Hinstreben auf die Zukunft (durch Willens-Erahnung). „Penser c'est vouloir" (s. Royer-Collard). Die Willensfreiheit ist im Weltplan (πρόνοια) eingeschlossen (b. Proclus). 'Η ψυχή τὰ ὄντα πώς ἐστι πάντα (s. Aristoteles). La personne est la conscience de l'impersonnel, c'est l'esprit (s. Janet). Vouloir c'est affirmer (s. Saisset). Croire sans la crédivité serait aussi dificile, que voir sans la vue (s. Durand), in Glaubensfreiheit (für die Gläubigen). Une psychologie bien faite, rigoureusement déduite, préjuge, pas les vérités, qu'elle découvre toutes les parties de la philosophie (s. Gilardin), und der Religionsphilosophie (in naturwissenschaftlicher Freiheit). In Idea quam do intellectu et conscientia interna sollicite instituta hausi, distinguere oportet id quod reale est, in ea facultate ab eo quod limitatum est, tunc vero vice limitationis adjungo ideam infinitudinis (s. Bilfingerius). L'intelligence a pour objet les vérités éternelles, qui ne sont autre chose que Dieu même (s. Bossuet), im Asangkhara-Ayatana (der Dharma). Man kann nicht bejahen und verneinen im gleichen Sinne und unter gleicher Bezeichnung, ein und dieselbe Eigenschaft desselben Gegenstandes (s. Aristoteles), als Princip der Identität (im Syllogismus).

und, auf rückwirkende Kraft des Willens hin, die dem vergänglichen Seelen-
theil (b. Aristoteles) noch angehörigen Wieder-Erinnerungen (aus dem Ge-
dächtniss) hervorrufend, unter Auf- und Niedertauchen der Vorstellungsbilder
(sprachlautlich einwohnender Schöpfungen), zum (sistirenden) Herausgreifen
des Angezeigten, aus den „rapidae cogitationes" (b. Aug.), mit Hinrichtung auf das Gedankenziel (vom Jenseits her hereinleuchtend). Was
also hier, im (übersinnlichen) Sinn (des Manas), thätig ist, entspricht,
(gleichwie bei den übrigen Sinnen geschieht), seinem adäquaten Correlat
in der Wechselbeziehung (zwischen Aromana und Ayatana, in jedesmaliger Identität), um subjectivistisch von dem Objectiven zu künden,
von den „Modi" einer Substanz, die über irdischem Horizont hinausliegt,
in ihren Wirkungen nur spürbar (wie das Gesammtall durchdringend).

Bei der, (durch Rückbedingung des Zieles), auf ewig unveränderliche
Gesetze hingerichteten Thätigkeit des Denkens, kommt aus den (auf psycho-
physischen Uebergang) in eine, reizwirkenden Wechselfällen des vergäng-
lich Irdischen ausgesetzte, Constitution eingeschlagenen Wurzeln, die Regula-
tive des Wollens (im Hegemonikon) zunächst auf ein Nichtwollen hinaus,
für Abhalten der Störungen, damit die zum Aufsprossen angeregten Ideen
sich, der ganzen Weite einwohnender Anlagen nach, entfalten mögen, um
aus dem dadurch Erkannten erst wieder das Festhalten der Richtungslinien
für fernerhin zur Andeutung zu bringen. Wie die sinnlichen Auffassungen,
(um Hallucinationen abzuhalten), auf ihre Deutlichkeit, sind die abstracten
Schlussfolgerungen in jedem Einzelnfalle zu prüfen, prüfend zu rectificiren,
zu controlliren im logischen Rechnen, auf der Basis thatsächlicher Beweis-
stücke, nach comparativ-genetischer Methode, für die Methoden naturwissenschaftlicher Psychologie (durch das in den Völkergedanken gelieferte
Material).

Hierfür kommt sodann das Studium der Selbstbeobachtung zum Austrag,
indem es sich bei dem Eingreifen des Willens, um das Herausspüren der
kritischen Knotenpunkte (in der Zellbildung des Wachsthums) handelt, wann
und wie der Impuls förderlich wirkt, in richtiger Richtung (oder sonst:
unrichtig verwirrend), denn nur bei naturgemässer Lebensweise, κατὰ φύσιν
(b. Spensippus), können die Functionen des Lebensorganismus ihren normalen Fortgang nehmen (nach den Grundsätzen physischer oder psychischer
Diätetik).

Schon in den körperlichen Nervenreflexen macht sich das Zwischengreifen des Willens, (betreffs seiner Richtigkeit), merkbar, beim Zusammen-
spiel der Respirationsapparate, um asthmatische Beschwerden etwa zu ver-
meiden, oder beim Hinwirken auf peristaltische Bewegungen u. dgl. m. Wer
dann freilich „aute defaecationis actum" (in den Worten eines zoologischen
Collegen aus dem Jahre 1879 p. d.), die Seele schon zu riechen meint,
wo er sich noch auf dem Mistbeet erst findet, worin veredlungsfähige
Samen eingepflanzt sind, (für ihre Entelechie), gesellt sich, im krassen
Materialismus, seelenverwandter Gesellschaft, in den, die geistige Ver-
krüppelung ihrer idiotischen Individualität spiegelnden, Spiritisten oder auch
den mystisch verzückten Schwärmern, die in Selbstbeobachtung die Gott-

heit suchend, in den, (gleich Schusterpech schwarzen), Abgrund nmuachten-
des Dunkels versinken (eines gnostischen Bythos der „Umbilicani"). Im
hellen Tageslicht inductiver Forschung ist naturwissenschaftlicher Weltanschauung ein mühsam langer Weg gesteckt, und demgemäss dann
wieder wird ernstlicher Anstrengung dauernd ihr Lohn auch winken (in
der Culturarbeit).

Wenn die Moral in menschlicher Natur als bereits begründet gesetzt
wird (b. Bouillier), so hat daraus solche Natur (oder Wesenheit), als die eines
Zoon politikon zu folgen. Weil das Auge „sonnenhaft", wird von ihm
das Licht empfunden; d. h. weil angelegt dafür, in dem entsprechenden
Organ, mit zugehörigen Vorbereitungen und Einrichtungen, und so hätte
die Moral, als in der organischen Sinnesthätigkeit des Zoon politikon für
vorveranlagt zu gelten, indem, und weil, die ethische Veredelung eintritt,
die Ideale also des Guten und Schönen sich demgemäss vorausgesetzt
finden (in kosmischen Gesetzen).

Der wurzelhafte Keimspross des Kalonkagathon ruht in der naturgemäss nothwendigen Tendenz normaler Entwicklung, beim Zustand der
Gesundheit, und während der Wachsthumstrieb, so lange im Contact mit
den Sinnesempfindungen, sich in den Formen des Schönen einkörpert,
beginnt die Ausbreitung, nach ganzer Weite einwohnender Thätigkeits-
möglichkeit, wenn in das Gebiet des Guten einlaufend, um seine Gebote
des Rechten und Richtigen zu stellen, zur Richtschnur des socialen Lebens.

Ein Jeder tritt für sich persönlich ein in den moralischen Ent-
wicklungsgang, mit eigenster Verantwortlichkeit, nm abzurechnen im Gewissen, nach Ban und Bab (gemäss der Buchhaltung eines Abhidhamma),
und die Erfüllung der Pflichten — (der Verantwortung, bei der Revision,
genügt zu haben) — erweist sich bei dem Wilden in seiner Horde oder
dem Bürger der Civilisation, je nachdem (unter gesellschaftlicher Beziehung), schwieriger oder leichter, wie man will, schwieriger: sofern
höhere Aufgaben gestellt sind, leichter: weil für die Lösung bereits aus-
giebige Vorbereitungen getroffen sind (auf ansteigendem Culturgrad zur
Heranerziehung).

Die Theorie des Fortschritts „n'est vraie que pour l'ensemble du
monde et de l'histoire, c'est se leurrer que de l'appliquer aux individus,
aux peuples et aux siècles" (s. Jules Simon), denn jeder Einzelne tritt
neugeboren wieder ein, in dem ihm zugehörigen Gesellschaftskreis, für
seine individuelle Conduitenliste innerhalb des Gesammtzeugniss, bei der
Erziehung des Menschengeschlechts (s. Lessing), für dessen philosophische
Geschichte (h. Herder). Der Fortschritt in Wissenschaft und Moral wird,
weil in der Unendlichkeit des Alls verlaufend, nicht auf der Erde seinen
Abschluss finden, sondern gegentheils mit wachsenden Aufgaben die
Pflichten vermehren, unter angestrengterer Thätigkeit des Willens. „Ces
grandioses théories sur l'inutilité future de la vertu, ne font penser qu'à
l'inutilité de leur réfutation" (s. Gilardin), denn für was die normal
organische Entwicklung anzustreben bleibt, fällt der Schwerpunkt auf
Begründung des Gesundheitsgefühls geistiger Existenz im tugendhaft

Guten, weshalb aus Klugheitsregeln schon (wenn man so will), das Einhalten rationeller Diät vorgeschrieben liegt (zu eigenem Besten und·dem des Allgemeinen).

In den Aufzählungen der zum Gegenstand der Logik und Moral (b. Bacon) hingestellten Seelenvermögen, wie nach Reid's Vorgang von Hamilton ausverfolgt (in schottischer Schule), arbeitet eine künstlich zusammengesetzte Maschinerie unter Derjenigen Leitung, der die Fabrik entworfen (oder erbaut) hat, so dass sich ein Occasionalismus (b. Geulinx) benöthigen würde, um den Zusammenhang festzuhalten, der sich dagegen innerlich erklären würde, aus dem Entwicklungsprocess organischen Wachsthums, vom Physischen zum Psychischen erweitert, und hier sodann mit neu eingepflanzten Keimen begabt (auf gesellschaftlicher Sphäre).

Die in ihrem Namen bereits auf die Gesellschaftswesenheit führende Sociologie hat, bei ihrem Ausgang innerhalb des in jedesmaliger Culturgeschichte gegebenen Beobachtungskreises, unverzüglich sogleich in Auseinanderlegung der Einzelnheiten einzutreten zu können gemeint, wogegen seitdem der Ueberblick des Menschengeschlechts, in der Vielheit seiner Phasen, gewonnen ist, zunächst eine Feststellung der durchgängig elementaren Grundzüge, (und soweit nur in Allgemeinheiten erst noch), benöthigt sein wird, aus den Völkergedanken der geographischen Provinzen, um auf thatsächlich gebreiteter Unterlage vorher das Detail in Verarbeitung zu nehmen, (von den Differenzen gesetzlich wandelnder Variationen aus).

Indem Alles nach Mass und Zahl geordnet ist, für das, was über das (dem Mass zugängliche) materiell Körperliche hinausgeht, die Zahlen also zunächst ihre Gültigkeit erweisen, (ἀριθμοί εἰσιν οἱ εἶδοι), beim Ineinanderwirken gesetzlicher Harmonie, so treten, (unter Ablösung gleichsam), die höheren Gestaltungen der (auf die niederen Gedankenregungen leitend zurücktreffenden) Ideen in Erscheinung, wie sie, obwohl im Physischen keimend, doch aus geistiger Atmosphäre während des psychischen Wachsthums, ernährt sind, um culturgeschichtliche Erzeugnisse zu zeitigen (im gesellschaftlichen Durchkrenzen wahlverwandtschaftlicher Organismen, ethnischen Charakters).

Beim practischen Ausgang von den „Data" eines Dedomenon, — zum ersten Anhalt eines logischen Rechnens (ehe die naturwissenschaftliche Psychologie für einen höheren Calcul sich befähigt fühlen kann), — mögen Ursprungsfragen metaphysisch abgeschnitten werden durch jenen „Deus" (sive natura), in der „essentia existentiam involvens" (s. Spinoza), bei der Substanz (oder Gott-Substanz), „causa sui" (in den Vorbedingungen des Seins), und beim Absehen von „causae finales" (vorbehaltlich weiterer Theilungsmöglichkeit in der Corpusculartheorie) handelt es sich (für Descartes), zunächst um „causae efficientes", äusserliche im Druck und Stoss, bis zur Verinnerlichung (b. Newton), anthropoidisirend wieder (aus dem „Weltgehirn").

Da (stoischem) „ingenium" (s. Seneca) für sein ἄποιος οὐσία (b. Diog. L.) der ἐν αὐτῇ λόγος das Ansinnen gestellt hat, „ut quae alia erant, et dissimiles essent et imparia", nach dem „principium identitatis" (b. Leibniz),

c*

so kommen in der Unendlichkeit vieler Attribute die „Schöpfergedanken" (b. Agassiz) oder „Schöpfungsgedanken" (im Unbewussten) zur Anregung, wenn „omnia individua" (seelisch gefasst) „animata" gefasst werden, für die „res particulares", als „Dei attributorum affectiones sive modi", und zu den Modi der „Res extensa" tritt dann aus der „res cogitans" der „modus cogitandi" mit dem „Intellectus" (zum „Conceptus") für die „idea adaequata" bei praestabilirter Harmonie (in „Ordo und connexio").

Indem der „Res extensa" die „Res cogitans" drinnen steckt, sind die Attribute somit da, im Vorhandensein, als selbst Substanz (oder dazu gehörig), bei Immanenz (der Ursachlichkeit), ohne Möglichkeit demgemäss, zur eigenen Begreifung, sich selbst in's Gesicht zu springen genöthigt zu sein, aus πρῶται οὐσίαι (b. Aristoteles); obwohl darüber, dass sie überhaupt aus der Einheit zerstückelt, das Warum seine Frage zu stellen hat, um (wie für die Modi der „extensio"), vom Standpunkt der Erdstellung aus, die Zweifel zu beantworten (innerhalb des Kosmos und seiner gesetzlichen Harmonien).

Neben dem in „Quies" vorhandenem Dascienden (im Anorganischen) tritt dann (bei der Extensio) der „Motus" hinzu, die Frage (τὸ ὅ τί ἡ κίνησις) über die ἀρχαι (b. Aristoteles), betreffs jener Bewegung im Umschwung des Oberen, aus den „Theoi" (als „Laufendem"), bequemlich gern, und dadurch (für hineinfallende Attribute) käme das Werden im Organischen, — für ζωη im νοητὸν ἅμα καὶ νοερὸν (b. Proklus), — nach den Besonderheiten der geographischen Provinzen, zur Manifestation für Vergleichung aus dem „in alio esse" (neben dem „in se").

Immerhin anticipirt sich die Naturnothwendigkeit, als (immanent) einwohnend, auch bei actueller Verwirklichung des „potentia" Vorangelegten (vom Samen zur Frucht), aber mit dem Psychischen des „Zoon politikon" beginnt, auf gesellschaftlicher Sphäre, eine Neuschöpfung (vom Entstehen ab), indem der „Modus cogitandi" (in seiner Unterscheidung von der „cogitatio absoluta") zur „Natura naturata" gehört, die hier in „statu nascenti" gefasst wird, beim Umschlagen der „Natura naturans" in das Verständniss, (zur Klärung des Bewusstseins im Selbst), mittelst des „élément metaphysique" (s. Gilardin), für den „Arcanus sensus" (s. Thomassin) oder „le sens divin du monde suprême" (b. Gratry) als „Manas", in Wechselbeziehung mit Dharma (bei Einklang physischen und moralischen Gesetzes), cf. „Terrassenhimmel der Buddhisten" (Z. f. E. 1881, V. d. A. G.).

Gott, als „res cogitans" und „res extensa" ist die natura naturans, wogegen der Intellectus, als bestimmter „Modus cogitandi", zur natura naturata gehört (b. Spinoza), für die „idea adaequata" (im Conceptus), dass der Zweck, als τέλος τῆς πορείας („ratio perveniens ad finem suum"), begriffen werde (oder ergriffen, in Erahnung). Quidquid entitatis bonitatis, perfectionis est, in quacumque creatura, totum est eminentius in Deo (s. Thom. Aq.), in Transcendenz (der Induction), durch „Analysis infinitorum" oder „Analysis indivisibilium" (s. Leibniz) zu bemeistern (im logischen Rechnen).

In objectiv vergleichender Ueberschau der Naturgegenstände war auch der Mensch gleich den übrigen einzureihen, bei seinem Platz im „Règne humain" (s. Quatrefages) unter den Naturreichen, ganz jedoch und voll, seiner vollen Natur nach, nicht physisch nur, sondern auch psychisch, so dass die Forschung, wenn zu ihm gekommen, zunächst auf sich selbst zurückzukommen hätte, da ihr ganzes Denkgebäude wieder auf dem Menschen selbst erst ruht, und zwar seinen gesellschaftlichen Schöpfungen nach für den Durchschnittstypus der Gesellschaftsgedanken, worin aus dem Mitwirken eines Jeden zukommender Stellenwerth sich zu schätzen und zu erkennen haben würde (im Bewusstsein des Selbst).

Was in einer durch den Willen verstärkten Wunschesrichtung sehnsuchtsvoll über das Sinnliche hinausstrebt, verläuft philosophisch oder religiös-philosophisch in die Mystik, wenn die Anhalte an Dogmen religiösen Glaubens sich nicht mehr stichhaltig erweisen, und die göttliche Essentialität erfasst werden soll, statt ihrer Manifestationen, in den Gesellschaftsgedanken des Zoon politikon (für den Einzelnen).

Nul doute que le sens destiné, à percevoir l'élément métaphysique, l'élément profond qui subsiste à côté des apparences du monde des corps, ne nous fasse percevoir quelque chose de dieu (s. Gilardin); „con un certo instinto beatifico, verso di se" (Gott hat die Seele geschaffen).

In Berkeley's Phaenomenalismus liegt das „Esse" der nicht denkenden Dinge im „Percipi", ohne reale Existenz der sinnlichen Objecte, obwohl, da die abstracten Ideen durch blosse Worte veranlasst sind, nur Einzelvorstellungen gelten, vom unendlich allweisen Geist zum geordneten Eindruck gebracht (nach den ihren Sinnesempfindungen inhärirenden Eigenschaften), und an der „veracitas" zu zweifeln, verbietet schon der zweifelnde College, „im schnell voreiligen Sprung von der skeptischen Betrachtungsweise zu dogmatischen unbewiesenen Voraussetzungen" (s. E. Reinhold), statt prüfend inductiven Weg (der Thatsachen).

In der Psychologie der von Maya's Sohn Belehrten, hat zu der Wechselwirkung zwischen Aromana und Ayatana über zeitliches Entstehen und Vergehen (im Existenzwechsel) hinaus, der Sinn der Manas hinzuzutreten, für allgemeine ewige Wesenheiten in gesetzlicher Durchschau (des Dharma). Und die Welt, in der wir leben, als integrirende Bruchtheile jedesmaliger Gesellschaftswesenheit, erweist sich als jene Welt der Vorstellungen eben, worin die Völkergedanken entgegentreten, aus der Buntheit ihrer realen Existenzen. Wenn hier dann das Individuum den zugehörigen Ziffernwerth (seiner Fraction) für subjectives Einverständniss herausgefunden, mag es psycho-physisch auch betreffs seiner Sinnesempfindungen sich abfinden, im Zusammenhang mit sonst organischen oder anorganischen Kräften der Naturlehre, aber unter den Täuschungen *)

---

*) Die ganze Welt ist Täuschung (nach Parmenides), und κατὰ πάντ ἀδαῆ φῶτα ἰόντα φοῖτα der Weg (zur Gottheit), in Durchschau (der Bodhi), geleitet von heliadischen Jungfrauen, προλιπούσαι δώματα νυκτός εἰς φάος, aus (polynesischem) Po (einer „Aviza") in Sige (oder Mutuhei). „Dieu, dont l'essence nous est impénétrable, ne nous est sécrété que par ses attributs, comme la manière par ses qualités" (s. Gilardin). Die

eines flüchtig Vergänglichen in Raum und Zeit, hat das Bewusstsein seinen innerlichen Halt an harmonisch durchklingenden Gesetzen zu stetigen, in (natur-) wissenschaftlicher Annäherungsmethode (für die Erahnungen aus bewährter, und erfahrungsmässig geprüft befundener, Religiosität).

Die göttliche Existenz liegt in der Essenz selbst (b. Thom. Aq.), unter Einheit der Substanz mit ihren Attributen, während diese im endlich Irdischen zur Auffassung kommen, bei der Vielheit persönlicher Individualitäten (für die Samkhya).

Das Unendliche zerbricht sich im Endlichen, und dessen Sein beruht auf solcher Unendlichkeit, als (peripatetischem) Hypokeimenon, dessen Eigenschaften beim Niedergang materiell verdunkelt, aus dem inneren Kerne ideal zu klären sind (im Verständniss).

Was mit auffallendem Licht in geometrischen Umrissen für den optischen Apparat als Ausdehnung erscheint, im Nebeneinander, fasst sich im Ineinander für die Idee bewusster Empfindung, aus dem Dasein selbst, und so wird das akustische Nacheinander, nach den Pulsschlägen zeitlich gemessen, im Leben selbst durchlebt, für die Momente des Denkens in seinen Schöpfungen (eigenen Verständnisses).

„Die Entdeckung ihres Grundbegriffs ist der positive Anfang der Wissenschaft" (s. Harms), wie in Cartesius' Begründung der specifischen Differenz (zwischen Körper und Seelenlehre), indem das Wesen der Materie in Ausdehnung besteht, das Wesen des Geistes im Denken, da es nur eine Geometrie des Körpers giebt, keine des Geistes (wohl jedoch eine Arithmetik, im logischen Rechnen).

Boyle († 1691) hob zuerst die Nothwendigkeit hervor, dass man zwischen den chemischen und metaphysischen Elementen zu unterscheiden habe, und dass sich die Chemie, ohne sich um die letzten Bestandtheile der Dinge zu kümmern, damit begnügen müsse, die früher unzerlegbaren näheren Bestandtheile zu lernen (s. Hell), und so hat die Ethnologie zunächst bei den Elementargedanken Halt zu machen, bis im Operiren mit denselben durch zunehmende Uebung (in naturwissenschaftlicher Psychologie) genügende Fähigkeit erlangt sein sollte, um Infinitesimalberechnungen zu wagen (auf Ursprungsfragen*) hin).

Vernunft findet ihre Befriedigung erst in der letzten, Alles umschliessenden Einheit (b. Eckhardt), ausser Gott ist die Creatur ein lauteres Nichts (s. Lasson). Les preuves de dieu metaphysiques sont si eloignées du raisonnement des hommes et si impliquées qu'elles ne frappent pas (s. Pascal). Das Sein ist absolute Position (b. Herbart), aus partieller Durchdringung der einfachen Wesen entsteht die Materie (mit materiellem Element der Atome). Das reine Sein ist die reine Abstraction, und damit das Absolut-Negative, welches gleichfalls unmittelbar genommen, das Nichts ist (s. Hegel). Gott, als das ursprüngliche und absolute Denken, ist selbst erst für sich das Setzen seines Seins, und dadurch das Wissen von sich und seinem Sein, und ist dieses die absolute und ursprüngliche Thätigkeit (s. Gabler). „Platon et Aristotle entendent par hypothèse un point de départ positif dont l'existence est donnée" (s. Gratry), zum Ausgang im Gegebenen (beim Rechnen).

*) Diogenes Ap. identificirte die Luft als Ur-Element (b. Anaximenes) mit dem νοῦς (des Anaxagoras). Thales hat den Urstoff (b. Aristoteles) „auf dem Wege der

Im Apeiron (Anaximander's) setzt sich als Princip ($\mathring{\alpha}\varrho\chi\acute{\eta}$) das Ur-
wesen, während Anaxagoras den Nous hinzutreten lässt, und dann der
Anfang in Conflict kommt mit der unendlichen Reihe, sofern nicht aus
Anaximander's Schule (s. Theophr.), in Parmenides' Fassung das Sein sich
abschliesst, auf die Atome hin bei Leucipp, der auch die Elemente, als
Wurzeln, lehrt, gleich Empedokles, nach Beider Lehrer Parmenides
(s. Simplicius), und dann wird wieder Parmenides, der mit Aminias lebend,
dem Diochetes ein Denkmal errichtete (s. Sotion), zu den Pythagoräern
gerechnet (b. Strabo), wie ebenso sein Lehrer Xenophanes mit Pythagoras
zusammengesellt sich findet (b. Heraklit), oder ein Saccas (im Sacktragen
ägyptischen Ammonius') auf Sakyamuni sich deutet, und Scythianus
heiliger Formel (im Mani padme hum).

Parmenides wurde zu den Pythagoräern gerechnet (s. Diog. Laert.),
und bei Empedokles Umzügen als Wunderthäter (über magische Kräfte
gebietend), sollten in seiner Philosophie die, exoterisch ausgeplapperten
Grundzüge esoterischer Geheimlehre, $\check{\omega}\sigma\pi\varepsilon\varrho \; \mu\nu\sigma\tau\acute{\eta}\varrho\iota\alpha \; \vartheta\varepsilon\check{\omega}\nu$ (s. Jamblichus),
als „pudenda" (b. Hamann), gehütet sein ($\grave{\varepsilon}\nu \; \mathring{\alpha}\pi o\varrho\varrho\acute{\eta}\tau o\iota\varsigma \; \lambda\acute{o}\gamma o\varsigma$). Durch den
Mund der Priesterin Themistokleia waren Pythagoras' Lehren überliefert
(s. Aristoteles), von Chaldäern (in Tyrus) unterrichtet (s. Neanthes), sowie bei
Galater und Brahmanen (s. Alex. Pol.), oder aus der Schule des Oberpriesters
Oinopheus in Heliopolis (unter König Psemetnepserphres), auch in brahmanischer (s. Apulejus) über „quot partes animi", in Belehrung betreffs
der Seele (s. Euseb.). Ein Schüler des Assyrer Nazaratus (s. Alex. Pol.),
brachte Pythagoras $\tau\grave{\eta}\nu \; \dot{\varepsilon}\alpha\nu\tau o\tilde{\nu} \; \varphi\iota\lambda o\sigma o\varphi\acute{\iota}\alpha\nu \; \mathring{\alpha}\pi\acute{o} \; {}^\prime I o\varrho\delta\alpha\acute{\iota}\omega\nu \; \varepsilon\mathring{\iota}\varsigma \; {}^\prime E\lambda\lambda\eta\nu\alpha\varsigma$
(b. Hermippus), von Gymneten Aegyptens und indischen Weisen geschult,

Induction gefunden" (s. Byk) Aus Luft ($\mathring{\alpha}\acute{\eta}\varrho$) und Nacht ($\nu\nu\xi$), die den Tartarus
erzeugte, geht durch das Welt-Ei die Welt hervor (b. Epimenides); $\mathring{v}\delta\omega\varrho \; \mathring{\iota}\nu \; \varphi\alpha\sigma\iota\nu$
$\mathring{\varepsilon}\xi \; \mathring{\alpha}\varrho\chi\tilde{\eta}\varsigma \; \kappa\alpha\grave{\iota} \; \mathring{v}\lambda\eta, \; \mathring{\eta} \; \mathring{\eta}\varsigma \; \mathring{\varepsilon}\pi\alpha\acute{\nu}\gamma\eta \; \mathring{\eta} \; \gamma\tilde{\eta}$ (s. Hellanicus); $\mathring{\varepsilon}\kappa \; \gamma\eta\acute{\iota}\eta\varsigma \; \gamma\acute{\alpha}\varrho \; \pi\acute{\alpha}\nu\tau\alpha \; \kappa\alpha\grave{\iota} \; \varepsilon\mathring{\iota}\varsigma \; \gamma\tilde{\eta}\nu \; \pi\acute{\alpha}\nu\tau\alpha$
$\tau\varepsilon\lambda\varepsilon\nu\tau\tilde{\alpha}$ (Xenophanes). Stoff, Form, Ursachwirkung und Zweck bilden die vier $\mathring{\alpha}\varrho\chi\alpha\acute{\iota}$
(b. Aristoteles). Philolaos fügte den vier Elementen ein fünftes hinzu (als $\mathring{o}\lambda\kappa\alpha\varsigma$) im
„Akasa" (der Inder), und Buddha ein sechstes, als Bewusstsein (in Vorbedingung von
Nama-Rupa), $\tau\grave{\alpha} \; \mathring{\iota}\nu \; \tau\tilde{\eta} \; \sigma\varphi\alpha\acute{\iota}\varrho\alpha \; \sigma\acute{\omega}\mu\alpha\tau\alpha \; \pi\acute{\varepsilon}\nu\tau\varepsilon \; \mathring{\varepsilon}\sigma\tau\acute{\iota}$ (b. Philolaos). In der $\varrho\acute{\iota}\zeta\omega\sigma\iota\varsigma$ liegt
der innere Entwicklungstrieb (am Nabel). Protagoras belebt die $\gamma\acute{\iota}\nu\varepsilon\sigma\iota\varsigma$ statt $o\mathring{v}\sigma\iota\alpha$ (im
eleatischen Sein). Die Bildung der Materie beruht in der Eduction der in ihr liegen-
den Formen (b. Ihn Roschd). Die Substanz, als „Ens per se subsistens" (nach „causa
sui"), scheidet sich von Accidenz oder Modus (bei Substantialität). Die Substanz
bildet die Ursache (quatenus nondum est in actu); $\mathring{\varepsilon}\sigma\tau\iota\nu \; \mathring{o}\nu\delta\acute{\varepsilon}\pi o\tau\varepsilon \; o\mathring{v}\delta\acute{\varepsilon}\nu, \; \mathring{\alpha}\varepsilon\grave{\iota} \; \delta\grave{\varepsilon} \; \gamma\acute{\iota}\gamma\nu\varepsilon$
$\tau\alpha\iota$ (ausser bei den Eleaten). ${}^\prime H \; \mu\acute{\varepsilon}\nu, \; \mathring{o}\pi\omega\varsigma \; \mathring{\varepsilon}\sigma\tau\iota\nu \; \tau\varepsilon \; \kappa\alpha\grave{\iota} \; \mathring{\omega}\varsigma \; o\mathring{v}\kappa \; \mathring{\varepsilon}\sigma\tau\iota \; \mu\grave{\eta} \; \varepsilon\mathring{\iota}\nu\alpha\iota, \; \Pi\varepsilon\iota\vartheta o\tilde{v}\varsigma$
$\mathring{\varepsilon}\sigma\tau\iota \; K\acute{\varepsilon}\lambda\varepsilon\nu\vartheta o\varsigma, \; \mathring{\alpha}\lambda\eta\vartheta\varepsilon\acute{\iota}\eta \; \gamma\grave{\alpha}\varrho \; \mathring{o}\pi\eta\delta\varepsilon\tilde{\iota}$ (s. Parmenides). Es bedarf einer Unterlage
($\mathring{v}\pi o\kappa\varepsilon\tilde{\iota}\sigma\vartheta\alpha\iota$) für die Entstehung ($\gamma\acute{\iota}\nu\varepsilon\sigma\iota\varsigma$) im Sein ($\mathring{\varepsilon}\nu \; \tau\grave{\alpha} \; \pi\acute{\alpha}\nu\tau\alpha$). Das Sein ist zunächst
gedachte Substanz ($\nu o\eta\tau\grave{\eta} \; o\mathring{v}\sigma\iota\alpha$) im Denkprocess ($\nu\acute{o}\eta\sigma\iota\varsigma$) der Substanz als Gedachtem
(b. Proclus). $\Phi\iota\lambda\acute{o}\lambda\alpha o\varsigma \; \mathring{\varepsilon}\varphi\eta\sigma\varepsilon \; \tau\grave{o} \; \mu\grave{\varepsilon}\nu \; \mathring{\varepsilon}\xi \; o\mathring{v}\varrho\alpha\nu o\tilde{v} \; \pi\nu\varrho\grave{o}\varsigma \; \varrho\nu\acute{\varepsilon}\nu\tau o\varsigma, \; \tau\grave{o} \; \delta\grave{\varepsilon} \; \mathring{\varepsilon}\xi \; \mathring{v}\delta\alpha\tau o\varsigma \; \sigma\varepsilon\lambda\eta\nu\iota\alpha\kappa o\tilde{v}$
$\pi\varepsilon\varrho\iota\sigma\tau\varrho o\varphi\tilde{\eta} \; \tau o\tilde{v} \; \mathring{\alpha}\acute{\varepsilon}\varrho o\varsigma \; \mathring{\alpha}\pi o\chi\nu\vartheta\acute{\varepsilon}\nu\tau o\varsigma \; \varepsilon\mathring{\iota}\nu\alpha\iota \; \tau\grave{\alpha}\varsigma \; \mathring{\alpha}\nu\alpha\vartheta\nu\mu\iota\acute{\alpha}\sigma\varepsilon\iota\varsigma \; \tau\varrho o\varphi\grave{\alpha}\varsigma \; \tau o\tilde{v} \; K\acute{o}\sigma\mu o\nu$ (s. Stob).
L'unité est la forme nécessaire de la conception de l'être (b. St. Anselmus), beim
Ausgang von der Eins, im logischen Rechnen (bis zur Vervollkommnung im höheren
Calcul). Der Syllogismus bewegt sich um das Principium tertii intervenientis ($\tau\iota$
$\mu\varepsilon\tau\alpha\xi\grave{v} \; \tau\tilde{\eta}\varsigma \; \mathring{\alpha}\nu\tau\iota\varphi\varrho\acute{\alpha}\sigma\varepsilon\omega\varsigma$), in relativen Gleichungen (des Rechnens): die Induction führt
über zum Transcendentalen (mit höherem Calcul).

(s. Philostrat.), und durch Aglaophemus, Oberpriester zu Lebethra, ein-
geweiht (in τά περι Θεῶν ὄργια).

Ohne Lehrer (s. Suidas) ergab sich Pherekydes dem Studium (com-
paratis secretis Phoenicum libris). Der dem Orpheus und andern Weis-
sagern, sowie den Weltweisen (wie Pherekydes) gehörige Name „Theologia"
wurde von Clem. Al. auf die christliche Lehre angewandt (s. Ribovius);
von alten θεόλογοι (bei Aristoteles); τῆς ἀληθείας φιλοθεάμονες erklärt
Pythagoras*) die Philosophie dem Tyran Leon (von Phlius), theosophischer
Weisheit entbrechend, wie οἱ ἀπό τῆς Σκέψεως, als Agnostiker die Gnosis
verlengnend, oder aus Sophistenthum dem Sufismus verfallend (in Aber-
glauben und Unglauben nihilistischer „égalité").

Die Kernfrage heutiger Zeitaufgabe fällt dahin, wie für die idealen
Güter der Cultur, welche in bedrohlich heranziehender Umwälzung der
Weltanschauung nihilistisch verloren zu gehen drohen, ihre morsch
brechenden Stützen durch dauerndere zu ersetzen sein würden, der Zeit-
strömung entsprechend.

Der Römer war innerhalb seines Staatsgebäudes in religiöser Ver-
quickung mit den Rechtsinstitutionen, durch Pietät gebunden, ebenso der
Hellene in seiner „Eusebeia" gegen die Götter, oder, bei weiterem Auf-

---

*) Pythagoreorum disciplinam aequo quae Socrates repudiabat, hinzuzulernen
reiste Plato nach Italien (s. Cicero). Ex Tyrrhonia cum patre Samum migravit
(Pythagoras), Phorecydem Syrium Sami primum audivit (s. Suidas). Hippasos, Vor-
fahr des Pythagoras, wanderte vor den Herakliten aus Phlius (φάλος des Pelo-
ponnes) nach Samos. Mnesarchus war von Tyrrhenien ausgewandert (s. Diog.),
als Vater des Pythagoras, geboren in Tyros, bei Begleitung der Mutter auf einer
Handelsreise des samischen Kaufmanns und Steinschneiders (569 a. D.). Zu den
Insignien der hebridischen Druiden gehört der Pfeil (s. Toland), wie ein goldener von
Abaris getragen (als Symbol Apoll's). Die Druiden verehrten (in blutigen Riten)
Hesos, Teutates und Taranis (s. Lucan), sowie Bolenus, als Apollo (der frommen
Hyperboräer). Die Crotoniaten verehrten Pythagoras als Sohn des hyperboräischen
Apolls (s. Aelian). Das Orakel zu stiften kam Olenus mit den Hyperboräern nach
Delphi (s. Paus.), Latona gelangt als Wölfin nach Delos (zu den Hyperboräern).
Aristeas (aus Proconnesus) als Priester des Apollo (φοιβόλαμπτος) war bei das
Metapontiern wieder erschienen (die Ἀριμάσπεια schreibend). Die Hyperboräer
opferten dem Apollo Esel bei Sonnenaufgang (s. Kallimachos). Die Stadt der
Citherspieler (bei den Hyperboräern) war dem Apollo geheiligt (s. Diodor), der sich
des Lobgesanges der Hyperboräer freut (bei Pindar), und neutraler Heiligkeit erfreuen sich die Harfenspieler der Gothen (s. Jornandes). Orpheus, qui et vetustissi-
mus poeta et aequalis ipsorum deorum, deum verum et magnum πρωτόγονον, primo-
genitum appellat (b. Lact.). Die Theliden, zu dem Geschlecht des Thales gehörig
(s. Diog.), stammten vom Phönikier Kadmos (aus Theben). Olen hatte den Griechen
die ältesten Hymnen gedichtet (s. Paus.). Epimenides (unter den Kureten) schrieb
(auf Felle) Καθαρμοί (als Καθαρτής) oder Sühnlieder, sowie χρησμοί (Orakelsprüche),
gleich Veden practischen Gebrauchs, gleich Karakia (bei den Maori). „In modern,
as in ancient times, the extreme points between which philosophy has oscillated
are the same" (s. Martinean), unter gesetzlichen Fesseln (psychischen Wachsthums).
Das Ziel der Philosophie bildet ἡ τῆς ψυχῆς σωτηρία (b. Porphyr) und die Befreiung
vom Bösen liegt in der Reinigung (κάθαρσις), nach psychologischem Heilswort (des
Abbidhamma).

wachsen des Bildungstriebes, philosophisch bei Möglichkeit harmonischen Abgleiches in der, von ihm selbst gebildeten, Mitte eines eng und fest umschriebenen Horizontes (seiner „Oikoumene").

Dann mit östlich aufflackerndem Licht, begann durch Europa's Ausdehnung die Herrschaft der heiligen Bücher, welche von der Masse des Volkes mit mehr weniger abergläubischer Scheu, von den Gebildeten mit Verehrung entgegengenommen, in ihrer Autorität gestärkt wurden, weil aus fremder Ferne stammend und so zugleich durch jenen Zauberbann ergreifend, der dem Eindruck des Unbekannten einzuwohnen pflegt.

Unnterdrückbar jedoch regte sich der Forschungsdrang, in das Dunkel vorzudringen mit dem Lichte des Wissens, um das Unbekannte in Bekanntes zu verwandeln, soweit die Denkfäden des Erkennens reichen.

Und seitdem, mit dem Entdeckungsalter, der Globus aufgeschlossen lag, trat jetzt der Mensch entgegen auch aus jenen Theilen desselben, die durch die Cultur bisheriger Weltgeschichte nicht gedeckt waren, und damit war sodann ein neues Problem gestellt, in der Lehre vom Menschen, das objectiv nach comparativ-genetischer Methode der Induction zu lösen sein wird, bei Zufügung der Psychologie an die Reihe der Naturwissenschaften, auf Grundlage des Völkergedankens, um auch für die Schöpfungen im geistigen Bereich die Gesetze eines organischen Wachsthums aufzufinden (in der Harmonie des Kosmos).

Einheit der Weltanschauung ist das Stichwort. In unserem thatenschwangeren Occident hat sich der dogmatisch verknöchernde Abschluss religiöser Deckung für die Dauer hinaus stets zu kurz erwiesen. Beständig fand der scheinbar stabile Horizont periodisch sich durchbrochen von regerer Geschichtsbewegung, weiterstrebend auf Ergänzungen hin, aus den im Forschungsgange gewonnenen Ergebnissen, und so spaltete sich, zwischen Glauben und Wissen auseinanderklaffend, jene zerrissene Weltanschauung, welche gegenwärtig es gelten wird, einheitlich wiederum abzuschliessen, und zwar im Ausverfolg derjenigen Richtung, die sich im Kampfe als die mächtigere erwiesen hat, die der Wissenschaft, im „naturwissenschaftlichen Zeitalter" die Psychologie erwartend, zu priesterlicher Weihe (τελετή, als τέλος in der Teleologie).

Im passiveren Orient gewährt sich das Schauspiel einer auf weite Strecken hinaus durch den Glauben unverrückt umschlossenen Weltanschauung, mit innerlich hineinverarbeitetem Wissenssystem, bei zeitlich ältester und räumlich umfassendster Religion, der buddhistischen, (als Religions-Philosophie). Was hier deductiv systematisch zu entwerfen versucht wird, das wird nach der unserer Gegenwart congenialen Architektonik inductiv emporzubauen sein, auf der in Natur der Dinge selber gegründeten Basis einer naturwissenschaftlichen Weltanschauung, die im Fortschritt des logischen Rechnens bis zu einem Infinitesimalcalcul hinaufführen mag, bei naturwissenschaftlicher Behandlungsweise der Psychologie, aufgemauert mit thatsächlich gefestigten Bausteinen, wie im ethnischen Material zusammengetragen.

Als sich der gesunde Menschenverstand dem „human understanding" zugewandt, war das von Kant besiegelte Urtheil der Speculation gesprochen, die „Möglichkeit einer Metaphysik, sei es als Psychologie, Kosmologie oder Theologie" gelengnet (h. Locke), und wird auf diese, seitdem verwüstet liegenden Forschungsfelder, das Denken dann erst zurückzukehren vermögen, wenn sie sich für die dem „Appetitus intellectivus" des Zeitgeschmackes anbanfähig erwiesen haben, für dauernd substantielle Ernährung aus thatsächlich angesammelten Anschauungen, (in der Welt „der Vorstellungen").

Im Rückschluss aus den Wirkungen auf bewirkende Ursachen ergiebt sich die Kraft, in ihren Verwirklichungen theoretisch gefasst (je nach dem System).

Wenn organisch, statt in momentaner Krystallbildnng sich abzuschliessen, der im statu nascenti stets unterbrochene Gang, in den Gang des Wachsthums beweglich übergeführt, einen temporären periodischen Abschluss erlangt hat (für Neuzengung in der Pflanze), kann die Entwicklung (als Entelechie) in animalischen Geweben derjenigen ganzen Thätigkeit nach zur Aeusserung kommen, welche als psychische sich zunächst in den, von ihr bedingten, Muskelzuckungen (oder Bewegungen) erfüllt, (ähnlich wie electrische Polarität bei Herstellung des aus Wahlverwandtschaften gefestigten Salzes), während im ferneren Stadium noch ein freier Rest ohnedem übrig bleiben mag, wie gleichsam der im Eisen über die materiellen Grenzen hinaus seine Fernewirkung (im festen Aggregatzustand schon) bewahrende, einer Seele (b. Thales) oder des Magnets (tellurisch).

Für das, was hier Seelisches zu nennen wäre, bleibt die Möglichkeit physischer Erscheinung ebenso ausgeschlossen, wie etwa für Polarität, Magnetismus, Schwere u. s. w., die sich dichterisch allegorisiren mögen, aber nur den begeisternden Sinn verkörpern, worin dann auch sonstige Gespenster ihren Spuk treiben, als Seelen, die aus dem Grabe erstanden, oder etwa in göttlicher Verklärung aus den Pflanzen hervorgetreten sind (in der Dryade der Pflanzenseele).

Ferner noch als dämonische Thierseele, steht die dem Menschen innewohnend gesetzte Seele der Möglichkeit körperlicher Realität, weil bei der Gesellschaftswesenheit nur als das Resultat durcheinanderwirkender Agentien ergehen, innerhalb welcher die eigene Seele, für ihr Bewusstsein, sich der Verhältnisswerthe erst sicher machen muss (im logischen Rechnen).

Betreffs des Psychischen im Thierreich, (oder auch im Pflanzenreich, wenn man will), realisirt sich die Seele stets nur an den Stoffdingen jedesmaligen Falles, ohne denkbare Erfassbarkeit im freien Zustande, weil entweder latent im körperlichen Bestehen, oder erfüllt in der Bewegung (und mit dieser periodisch jedesmal aufgebraucht).

Dagegen tritt unabhängig selbstständige Existenz eben dann hinzu, wenn innerhalb der gesellschaftlichen Seele die individuelle ihres eigenen Stellenwerthes, als integrirender Theil des Ganzen, sich bewusst wird (in dem aus den Differenzirungen gezogenen Facit).

Sie gewinnt dadurch ein ebenso unzerstörbares Sein in ewiger Unendlichkeit, wie für die Kraft überhaupt zu setzen, weil über terrestrischen Horizont hinausgreifend in kosmisches Walten (in harmonischer Gesetzlichkeit). Und zwar ist hier der Bewusstseinfactor involvirt, wenn als solcher für sich selbst geklärt. Beim Psychischen des Menschen würde also, über die Entwicklungskette hinaus, noch ein neues Entstehen hinzutreten, das vergängliche Werden überdauernd.

Weiterhinfort lässt sich der Gang (zur Verfolgung von Einzelheiten) nicht überblicken, weil durch schmalste Ritze des Vorhangs, der ihm ein „Allerheiligstes" im Weltgeheimniss verschleiert, in das Jenseits kaum hinausblickend, das irdische Auge seine Unterscheidungsfähigkeit verliert. Aber mit Gewissheit der Ueberzeugung hätte bei gesetzlich befestigter Sicherung des selbstgeschaffenen Geschicks seine Zielweisung zu reden, dasjenige überdauernd, was als Entstehen und Vergehen empfunden wird (für den Stufengang im Dasein).

In naturgeschichtlicher Auffassungsweise erscheint das Seelische als eine Function des Körperlichen, und die Möglichkeit sinnlich anfassbarer Erfahrungsweise bleibt dadurch ausgeschlossen.

Neben der φυχη θρεπτικη (und animalischer Reflex-Seele), erweist sich die individuell bewusste Seele des Menschen, als das Product solches Bewusstseins, wie im logischen Rechnen aus integrirendem Theilganzen im Gesellschaftskörper (und seiner Seele) gewonnen (in Folge der, soweit, dem Menschen als Zoon politikon eignenden Wesenheit).

Dieser Gesellschaftskörper zeigt ein unter der gegenwärtig in Actualität herrschenden Verfassungsanlage des Erdglobus aus neuer Entstehung gezeugtes Product, nämlich eine aus physikalisch-siderischen Agentien hervortretende Verwirklichung, die wo sie zu einer (nicht sinnlichen, sondern geistigen) Auffassung gelangt, sich dadurch als verwirklicht erweist, — im Ganzen: solcher Auffassung nach; und für die integrirenden Theile (in jedem Individuum): gemäss des Bewusstseins, welches in seinem Verständniss sich selber ergreift (und begreift). Dass bei derartig naturwissenschaftlichen Denk-Methoden, congruenter Erscheinungsweise (innerhalb der dem Menschen eignenden Welt der Vorstellung) noch mehr sogar (wenn man so will), als bei einer an körperliche Vorgänge geknüpften Function (des Seelischen), jede sinnliche Erscheinungsmöglichkeit ausgeschlossen bleibt, bedarf keiner Bemerkung, und anderseits ergiebt sich der Hinweis auf den, mit und in der Verwirklichung einbegriffenen, Fortbestand, jedenfalls für das dem Verständniss zugänglich einbegriffene Element, aus Unbekanntem zu eliminiren (in logischer Berechnung).

Indem das auf die Beantwortung der über eigene Wesenheit gestellten Fragen hingerichtete Streben, das als Philosophie bezeichnet wird, irgendwo ihren Ansatz finden muss, wird mit einer an sich bewiesenen Wahrheit zu beginnen sein, autrement de syllogisme en syllogisme on remonterait à l'infini, sans trouver jamais la majeure, qui devrait être la base de toute la déduction syllogistique, „notitia principiorum non fit dialectice" (s. Gilardin). Um nicht in die „folie du doute" des Skepticismus zu verfallen, im Zweifel über eignes Selbst, bietet sich in Descartes Fundamentalsatz das Bewusstsein als Criterium der Gewissheit (bei Malebranche), und das im Gesichtskreis des Culturvolkes, in der Welt seiner Weltgeschichte, umschauende Bewusstsein (mit, je nach der Höhe, verlängerten Gedankenreihen) findet hier die ideal geschaffenen Güter fertig bereits vor Augen, innerhalb welcher jetzt die Deduction ihre Arbeiten vornimmt (zum Aufbau des Wissensgebäudes).

Diesem, zu allen Zeitperioden philosophischer Cultur der verschiedenen Geschichtsländer, allein möglichen, — weil (gleichmässiger Hauptrichtung nach) allein geöffneten — Wege hat sich, seit der die europäische Weltanschauung umgestaltenden Doppel - Revolution beim Morgenanbruch der Neuzeit, ein zweiter zur Seite gestellt, der dem in seine eigenen Räthsel verhüllt umschlungenen Subjectivismus die Hülfe objectiver Ueberschau hinzuzubringen verspricht, um mit Verwendung comparativ-genetischer Methode die Forschungen inductiv zu beginnen, in dem als naturwissenschaftlich gefassten Sinne (bei Anweisung der Psychologie).

Ausschlaggebend war hier der Hinblick auf Völkerstämme, die in selbstständiger Abgeschlossenheit, auf den Vorstadien der Uncultur in den Horizont der Beobachtung eintraten, und zwar in variabel differenzirbarer Abhängigkeit von den physikalischen Bedingungen klimatisch - geographischer Umgebung, auch für Einleitung und Fortgang historischer Bewegung (unter den Reflexen des Völkergedankens, aus der Gesellschaftswesenheit des Menschen).

Indem nun auch hier, für den Ansatz ersten Beginns, das Didomenon in einer Eins zu suchen war, lag sie naturgemäss bereits ausgesprochen vor, in Gleichungsformel des Organischen mit seiner Wandlungswelt (aus terrestrisch-siderischen Ursächlichkeiten), um gesetzlichen Welten nachzugehen (in den Harmonien des Kosmos).

Die Analysis des Unendlichen (nach dem Wesen dieser Rechnungsart) „offenbart das Geheimniss des Zusammenhangs zwischen Ursache und Wirkung" (s. Apelt), wenn selbstgesetzt im Selbst zum Gesetz (bei Integrirung des Einzelnen in seiner Verwobenheit mit der Gesellschaftswesenheit durch des Gewissens Gewissheit, zum eigenen Bewusstsein).

Beim Ausgang von dem Gegebenen ist das geometrische Verfahren angezeigt, auf dem Wege der Identität (um analysirend zu zerlegen), während die Infinitesimalberechnung, mit dem Gegebenen aufbauend, aus Verschiedenheiten, zu neuen Enthüllungen (in der Bewegung) fortschreitet (unter jedesmal rückgängiger Controlle), als das „principe de transcendance" (s. Gratry), in der Induction neben der Deduction, als „principe d'identité" (im Syllogismus). „Passer du fini a l'infini par l'effacement des limites du fini" bildet „le procédé infinitésimal" (le procédé dialectique comparée au procédé syllogistique).

Von religiöser Ueberzeugung durchdrungen, fand (oder erfand) beim Anbruch des naturwissenschaftlichen Zeitalters der Schöpfer der, dessen Fortgang beherrschenden, Induction die am Himmel regierenden Gesetze. Geometria ante rerum ortum, mentis divinae coaeterna (s. Keppler). Auch auf dem Himmelskörper der Erde kommen sie zur Auswirkung, und hier beim Vordringen der Erkenntniss in das Detail zugänglich tellurischer Erscheinungen, gestalten sie sich (arithmetisch) zur Transcendenz, in die psychischen Wachsthumsgesetze logischen Rechnens hinaus (bis zum Infinitesimalcalcul). Lex aeterna est ratio seu conceptus gubernationis rerum in Deo (s. Thom. Aq.) in Harmonie des Kosmos, bei Einordnung des Menschen, nach objectiver Umschau über den „Völkergedanken" seiner Gesellschaftswesenheit (im Zusammenhang mit den siderisch-klimatischen Agentien der geographischen Provinzen, für historische Entwicklung der Cultur). In der Geschichtswissenschaft fühlte der Geschichtsgeograph sein Ergriffensein von religiöser Bedeutung, und auf geographischer Grundlage hat sich die Geschichte des Humanismus über den Erdenraum zu erweitern, um betreffs eines „Gott in der Geschichte", zunächst den Menschen (in der Geschichte) zu verstehen, aus eigener Selbsterkenntniss, wie mit altem Orakelwort im Tempel bereits eingeschrieben (auf künftige Erfüllung hin).

Was durch die Sinne, a posteriori, in uns aufgenommen wird, als Object draussen (eines Nicht-Ich's), hinterlässt zugleich, neben den materiellen Eindrücken, seine a priori gefassten, gleich denen eines Zusammenhangs im Ganzen, der Verhältnisse der Theile zu einander, der Umgebung, sowie vom Raum, worin — von der Zeit zugleich, nach welcher — erscheinend, und das Total eines solchen, aus dem psychischen Wachsthumsprocess vorgeführten, Gesammt-Eindruckes setzt sich sodann (nach sinnlichen Aequivalenten) in ein lautlich producirtes Seitenstück um, was aus der Sprache des Mitmenschen, im Wort, seinerseits wieder als posteriori gleichsam Aufgenommenes zurückkehrend, neuerdings aprioristisch (in obigem Anschluss) fassbare Schöpfungen zeigt, im Wachsthumsfortgang des Denkens. Und indem dann auch diese wieder, unter lautlichen Wortumrissen, in die sprachliche Sphäre hinausgeworfen werden, indem auch sie auf's Neue aus ihr als Geistesschöpfungen zurückhallen, so ist damit in gesellschaftlicher Atmosphäre der Wissensbaum eingepflanzt, um im Laufe seiner ideellen Entwicklungsproductionen zum Reifen der Culturblüthen emporzusteigen.

Was hier sich nun gestaltet, innerlichen Schöpfungsgesetzen gemäss, muss dem entsprechen, was im Draussen waltet, wie nach den Variationen der Völkergedanken (unter geographisch-historischer Umgebung) hervortretend, aus „Ordo ordinans" (b. Fichte), dem „Ordo ordinatus" gemäss, in prästabilirter Harmonie (b. Leibniz) nach festgeschlossenen Gesetzlichkeiten (im Kosmos).

Den Ayatana im Innern haben die Aromana da draussen zu entsprechen, in nothwendig bedingter Wechselwirkung, und unter einander wieder ergeben sich die physiologischen Consonanzen (optisch und akustisch).

Das dem Taubstummen wie ein Trompetenstoss klingende Roth associirt sich mit rundvollen Vocalen (o, a), mit dem Dicken im Antasten, substantiellen Geschmacks, das lichttönende Violett mit ätherischem Geschmacks-Geruch u. dgl. m. (und dazu die den Beobachtungen der Kinderseele entnommenen Erfahrungen).

Aus Parmenides Setzung des Seins folgt von selbst, in immanenter

Realität, dass ausser Sein: Nichts. Verbindet man nun hier, syntaktisch
bequemer, mit der Copula (für die Prädication), „ausser dem Sein ist
Nichts", so verführt, bei Zusatz des grammatischen Artikels (wenn an
Sprachkrankheit laborirend) der sophistische Schluss (euantiopoiologischer
Sorte) zum Satz: „Ausser dem Sein ist das Nichts", das reine Sein, als
Nicht-Sein (h. Hegel). Im „ist" dagegen, als conjugirte Form infinitiven
Seins, liegt dieses eingeschlossen und ausgesprochen, das „Sein ist",
nämlich: „das Sein seint", und demgemäss das „Nichts nichtet", im
nichtigen Nichts, (als Nichtsnicht).

Und dabei wird es nach dem logischen Princip der Identität zu verbleiben haben, bis für Transcendenz die Uebung gewonnen wird, in
Rechenkunst mit negativen Grössen vielleicht, beim künftigen Durchbildungs-
gange naturwissenschaftlicher Psychologie (durch das Denken, als logisches
Rechnen). Die nothwendige Tendenz aller Naturwissenschaft ist, von der
Natur auf das Intelligible zu kommen (s. Schelling), in naturwissenschaftlicher Psychologie (nach comparativ-genetischer Methode).

Beim Frage- und Antwortspiel des Denkens über das Warum handelt
es sich um das Erkennen einer Ursächlichkeit im Wissen (s. Vico), um
des Unabänderlichen im „post hoc" gewiss zu werden zum „ergo hoc", wie
bei den zugänglichen Naturkräften experimentell zu constatiren, und jede
exacte Naturwissenschaft hat sich dann selbst die Grenzen (gleich den
elementaren in der Chemie) zu stecken, bis wohin solche Gewissheit, als
gewiss eben, zu gelten hat, wie auch, bei hinlänglich weitem Beobachtungs-
kreis, gleiche Wiederkehr der Phänomen unter geregelten Variationen
ihre eigene Bestätigung gewinnt, aus sich selbst, innerhalb des für die
Umschau gewährten Horizontes (wie im organischen Leben aus Beziehung
zu den geographischen Provinzen). So auch gälte es im psychischen Wachsthumsprocess, wenn für die Beobachtungen das genügende Material gegeben sein wird, und hier mag sich dann ein weiter Weg der Einschau eröffnen, zur „causa causarum" hin, aus innerlicher Entfaltung mitwirkenden
Factors (in Selbsterklärung). Deus (omnium rerum causa immanens) ist
„causa efficiens" (ens infinite absolutum), aus unendlich vielen Attributen
bestehend (h. Spinoza); causae cognitio a cognitione effectus pendet.
(Res particulares nihil sunt, nisi dei attributorum affectiones sive modi,
quibus Dei attributa certo et determinato modo exprimuntur.) L'élément
métaphysique existe par justa-position, par intra-position dans l'objet, il
se perçoit comme l'autre élément dans la perception complète de l'objet
(s. Gilardin), in Anstrebung der Unendlichkeit durch höheren Calcul
(logischen Rechnens in naturwissenschaftlicher Psychologie). „Tout mouvement intellectuel, dit saint Thomas d'Aquin, vient de dieu, comme
de sa cause première, et vient comme cause seconde, de l'intelligence
créé, qui l'opère" (s. Gratry). Voila donc deux raisons, que je trouve
en moi, l'une est moi même, l'autre est au dessus de moi (s. Fénelon),
in Idealität der Gesellschaftsgedanken (aus dem Reflex ewiger Wahrheit),
sinnlich gefasst in geometrischen Umrissen der Naturgegenstände (bei congenialen Beziehungen) oder (arithmetisch) in Transcendenz (für die Ethik).

Der Geist, dessen wesentliches Attribut das Denken ist, ist untheilbar Eins (b. Cartesius). Was Seelen-Achtel oder drei Viertel einer Seele, in Begierde, eines Gedankens ist, kann Niemand angeben (s. Harms), aber allerdings die Verhältnisswerthe der Theilseele (im Gesellschaftsgedanken zur Integrirung). „Une multitude de facultés ne divise pas plus l'âme, que trois facultés" (s. Garnier), aus Einem (der Dreieinigkeit). In der Gesellschaftswesenheit waltet (aus dem λόγος ἐνδιάϑετος hervorgesprochen), der λόγος προφόρικος (der Stoiker), in den Völkergedanken (nach geographisch-historischer Differenzirung). Τωὐτὸν δ' ἐστι νοεῖν τε καὶ, οὔνεκεν ἔστι νόημα (s. Parmenides), und aus solcher Einheit im Sein und Denken*) folgt eine „Art von absolutem Identitätssystem" (s. Krug), wie in dem, harmonisch einem Nirvana (durch Bodhi) einverleibten, Gedanken als welterhaltendem (des Buddha).

---

*) Ubique denique est perceptio (Bacon). Das philosophische Wissen ist der denkend anerkannte Begriff von Kunst und Religion (s. Hegel). Im Menschen steigert sich das Vorstellen der Monade zum Denken (b. Leibniz), beim Streben nach neuen Vorstellungen im Geist zum Wollen (für die Determination). Il n'y a d'autres idées, que celles qu'on apperçoit (s. Merian); λόγος ἐστιν ὁ τὰ τί ἦν ἧ ἔστι δηλῶν (s. Antisthenes). Socrates sucht die Wahrheit in nüchterner Ueberlegung (νήφοντι λόγῳ). Eubulides und Alexinos galten als Erfinder der Fangschlüsse in der megareischen Schule, aus der eleatischen her (seit Zenon). Toute la science n'est qu'une langue bien faite (s. Condillac). „L'homme parle naturellement, comme naturellement il pense" (s. Gilardin); le language est pour la pensée ce que le corps est pour notre âme (la pensée pure, sans le signe sensible des mots, nous serait imperceptible, elle passerait à travers l'esprit, sans laisser de trace, selon la comparaison de Bonald, comme sans le tain qui la retient l'image des objets traversait le verre sans s'y réfléchir). Καϑ' ἁρμονίαν τὸν κόσμον συνιστάσαι φασί (Pythagoras). Das Einzelwesen ist Substantia prima (b. Anselm), die Species und das Genus Substanz in secundärem Sinne (substantia secunda); ὅτι διηγείρειν ἔλεγον οἱ ἀπὸ Πυϑαγόρου μουσικὴν καὶ ἐν, μόνας μὲν γὰρ πας αὐτοῖς νομίζειν ἢ ἐν τοῖς νοητοῖς οὖσαν, ἐν δὲ τὸ ἐν τοῖς ἀριϑμοῖς (s. Anonym.), ἐν πρωτόγονον (b. Nicomachos), als Ausgang (im logischen Rechnen). Νοῦς ἐστι βασιλεὺς ἡμῖν οὐρανός τε καὶ γῆς (s. Plato). Aus dem Bewusstsein entsteht Namo und Körperliebkeit (s. Oldenberg) und beim Sterben bleibt das Bewusstseinselement übrig, im Sein der neuen Wesenheit, als seebstes Element (im Buddhismus). In Verbindung mit der Materie (in den Dingen) existiren (s. Gilb. Porr.) die „formae nativae" verwuchsen (concretae), nicht abgetrennt (inabstractae) Neben dem νοῦς διωρητικός (im νοεῖν) steht der νοῦς πρακτικός (aus Willenskraft der Seele). Die auf einer Erfahrung beruhende Psychologie hat die Basis des Philosophirens zu bilden (s. Fries). Indem die Denkwothwendigkeit das objectiv-reale Sein verbürgt, ergiebt sich die Ablösung von der Willkühr aus dem organischen Wachsthumsgesetz des Denkens (nach festgeschlossenen Gesetzen in kosmischer Harmonie des All). Les études philosophique ouvraient, selon l'expression d'Humbert de Romans „la voie à des études plus hautes" les études plus hautes, c'étaient les études théologiques (s. Donais). „Existit ergo procul dubio aliquid quod majus cogitari non valet, et in intellectu et in re" (s. Anselmus), deus noster (quo majus cogitari non potest). La dernière démarche de la raison est de reconnaitre qu'il y a une infinité des choses, qui la surpassent (s. Pascal). χρὴ διαλέγεσϑαι πόσα τῶν λόγων εἴδη τῶν διαλεκτικῶν, ἔστι δὲ τὸ μὲν ἐπαγωγή, τὸ δὲ συλλόγισμος (s. Aristoteles). Darstellung intellectueller Anschauung ist philosophische Construction (s. Schelling). Die skeptische Unerfassbarkeit (ἀκαταληψία) der Dinge (b. Pyrrhon) entspricht der Unbegreiflichkeit in der Gottheit, als Wakan (bei den Dakotah).

Was als psychische Thätigkeit bezeichnet wird, bleibt unter ihren verschiedenen Interpretationen derjenigen Vorstellungsweise einbegreifbar, wie naturwissenschaftlich als Kraft gefasst (in „psychic force"). Die Kraft in ihrer Transmission und Transmutation führt auf Bewegung, mit der Schwere als Mittelpunkt (innerhalb des Planetarischen).

Der Stein fällt hernieder, die Pflanze, in der Erde gefestigt, strebt aufwärts durch organische Wirkung, und diese erhält das Thierische beweglich, als Wurm am Boden kriechend, als Fisch schwimmend, als Vogel fliegend, und in den Quadrupeden auf vier Stützpunkten regulirend, während bei der menschlichen Gestalt das Aufrechtstehen ein Balanciren voraussetzt, im Gang unter den unwillkührlichen Bewegungen halb eingereiht, mit dem Centrum als Schwerpunkt in der psychischen Kraft, die aus dem Bewusstsein leitet (und auch unbewusst eingreift, wie in den physischen Processen des Stoffumsatzes).

Im normalen Zustande (im Wechsel des sicheren und unsicheren Gleichgewichts der Mechanik) lösen bestimmt abgeschlossene Vorstellungen ihre entsprechende Bewegungscomplexe aus, während bei pathologischen Störungen ungeregelte Bewegungen und hysterische Paroxysmen eintreten mögen, oder, unter Fortbewahrung der Erregbarkeit in den Muskeln (und ihrer Biegsamkeit im kataleptischen Zustande), Abschluss der cerebralen Innervation; oder doch ihres Bewusstseins, im Schlaf aufgehoben (wie ganz, oder halb, im hypnotischen Halbgeträume).

Zur Annahme einer psychischen Kraft würde die Möglichkeit von Wechselbeziehungen zu folgen haben, bei inducirten Störungen (electrisch auch für den Magnetismus), aber was, suggestiv, im mentalen Process zugeführt werden sollte, hätte stets erst die Sphäre des Bewusstseins (oder doch eines träumerischen Halbbewusstseins) zu passiren, weil hier erst eine effectiv eigentliche Bedeutung gewinnend, für Ausgestaltung des Denkens in sprachlichen Lautbildern, unter mehr weniger willkührlicher charakteristischer Specificirung (mit Zwischengreifen an sich gegebener Nebenbedingungen).

Was als Substrat zu Grunde liegt, aus dem Hypokeimenon, bliebe bei psychischer Hyle unsichtbar für die „Essentia" (in der Existenz), als feinstes gleichsam (λεπτότατόν τε πάντων χρημάτων καὶ καθαρώτατον) im Geistigen (b. Anaxagoras). „Per substantiam nihil aliud intelligere possumus, quam rem, qui ita existat, ut nulla alia re indigeat ad existendum" (s. Cartesius). Die Erde (auf Hawaii) heisst Pan-nona-iho (als selbstgefestigt), „fest-sich-selbst" (fest in sich selbst) oder „fest-eigenes-Mark" (fest aus eigenem Mark), frei schwebend im Aether (Akasa) oder gestützt auf Elephanten (des indischen Weisheitsgottes). Das, was wir auf der Erde als Schwere fühlen, rührt von einem Drucke des Weltgases her, dessen Atome zu der Erde (von oben nach abwärts) in grösserer Menge strömen als von derselben (nach aufwärts); die eigentliche Urquelle der Wärme ist das Weltgas (s. Schramm). Die Schwere wird unter die „primarias qualitates corporum universorum" gestellt (b. Cotes), aber nur als „quaestionem" (Newton's), weil noch nicht „exploratam" (experimentell).

Ad naturam substantiae pertinet existere (s. Spinoza) im Dasein (des Gegebenen).

Wie die physischen Nervenregungen, nach Ablauf jedesmaliger Thätigkeitsäusserungen, in den Zustand der Ruhe zurückfallen, so die psychischen, obwohl hier aus lautlich umgewandelten Zeichenandeutungen beim Menschen (wolkig-traumhaften Nachklängen nach, in Folge der in gesellschaftlicher Atmosphäre wogenden Gedankenbilder) ein Gedächtnissschatz aufgespeichert liegt, aus welchem, so oft der Anlass gegeben, die Erinnerung den Umriss ihrer Persönlichkeit hervorzugestalten vermag.

Temporär, wie gestaltet (die Gestaltung), folgt anschlüssig im Zeitverlauf das dadurch bedingte Erbleichen, aber was dann im Momente des Daseins als Schöpfung des Denkens sich Ewig-Unendlichem eingefügt, verbleibt dort mit inhärirendem Element aus der Persönlichkeit (die schöpferisch mitthätig sich erweist).

Im gegliederten Organismus ist jedes Organ in Gemässheit der für dasselbe specifischen Functionen thätig, der Magen verdauend, die Leber mit Gallenbereitung, die Nieren in der Thätigkeit der Harnabsonderung, und so secernirt das Gehirn, zwar nicht (oder noch nicht) Gedanken, sondern psychische Thätigkeit der Kraft, „seelische Vermögen oder seelische Kraft" (s. Lipps), auf welche (durch die Sinnesthore) Vorstellungsbilder einfallen, die, in Folge der für die Menschen typischen Gesellschaftswesenheit, sich in lautliche Begriffsäusserungen umsetzen und mit diesen associirt stehen.

Ausser dieser Doppelung, der Vervielfachung des Denkens, indem innerhalb des geistigen Elementes jedesmaliger Persönlichkeit, ein Theil von Aussen (von den mitintegrirenden Gliedern des zugehörigen Gesellschaftskörpers, in gegenseitiger Wechselbeziehung) herüber genommen ist, unterscheidet sich die eigene Zuthat nun im Eindruck des Bewusstseins, das in logischer Brechung fortzuschreiten hätte, zum deutlichen Bewusstwerden des Selbst (aus harmonischen Gesetzlichkeiten).

Dem Körperlichen gegenüber gewinnt das Geistige seine „phänomenale Differenz" (s. Witte) dadurch, weil es, obwohl individuell durch jenes angeregt, doch der eigenen Wesenheit nach erst gesellschaftlich zur Verwirklichung gelangt (also auf rein psychischer Sphäre), τὸ βάθος ἑκάστου ἡ ὕλη (s. Plotin), im Dunkel (mutternächtiger Po).

Die den Denkgesetzen, (den Vorgängen ihres organischen Wachsthums gemäss), betreffs einer Ursächlichkeit gestellten Fragen führen (im logischen Rechnen) auf (relative) Verhältnisswerthe zurück, innerhalb eines Kreislaufes des Vergänglichen im Endlichen (als peripherischer Abschluss des Zeit-Räumlichen).

Solchem Vergänglichen (oder Un-Ewigen) und Endlichen gegenüber bilden Ewiges und Unendliches Negationen, wodurch die Möglichkeit der Beantwortung negirt wird, so lange nicht ein höherer Calcul für die Lösung gefunden ist (in inductiv-naturwissenschaftlicher Psychologie nach comparativ-genetischer Methode).

Nicht in einem ontologischen Beweis wird deshalb das Mysterium des

Seins zu enträthseln sein, sondern nur in einem psychologischen (zur Annäherung des Absoluten).

Wenn, um auf einen Anfang zurückzugehen, die Denkreihen in ihre, dem Physischen eingewobene Wurzel sich versenken, so stossen sie (mit zunehmend eigener Verdunkelung) auf das compact undurchdringliche Geheimniss der Materie, die freilich bei objectiver Umschau durch die übrigen Naturreiche in manchen ihrer Wechselbeziehungen sich erklärungsfähig erweist, aber für den Uranfang (der „causa causarum") über dem Horizont irdischen Gesichtskreises im Jenseitigen hinausliegt.

Aus jenem Jenseits her beginnt es nun jedoch zu reden, wenn bei aufsteigender Richtung der Denkreihen (unter zunehmendem Licht des Wissens), der psychische Wachsthumsprocess, einem Reifestadium seiner idealen Früchte genähert, für den Genuss derselben Empfänglichkeit fühlt, wenn durch die in Unendlich-Ewiges anlaufende Bewegung zwar nicht das Unendliche und Ewige sich versteht, aber die aus causaler Wirkung gezeitigten Schöpfungen des Göttlichen aus seinen Qualitäten im Guten, Wahren und Schönen, als Zielpunkte (für die Bestimmung des Menschen). Die Antinomien (der Metaphysik) sind „des incommensurables et des irréductibles, dans le genre des grandeurs qui n'ont pas de commune mesure, comme le rapport de la circonférence au diamètres" (s. Gilardin), und an Stelle der Speculationen über eine Quadratur des Kreises hätte hier ein höherer Calcul zu treten, im logischen*) Rechnen (naturwissenschaftlicher Psychologie).

„The Logic of induction has not yet been constructed" (s. Whevell), und konnte es nicht vor Verwendung comparativ-genetischer Methode (für die Gleichungsformeln logischer Berechnungen).

Bei der Psychologie des menschlichen Mikrokosmos „la logique n'en est qu'une dépendance, elle repose tout entière sur le jeu de la volonté" (s. Gilardin), in der Thätigkeit des Theilganzen innerhalb der gesellschaftlichen Einheit (geographisch-historisch differenter Völkergedanken in ihren

---

*) Παραπτυλῆς μὲν γὰρ ἐστι τοῦ κατὰ λόγον ἐνὸς ἀιτιαθαι, Μιλήσιος δὲ τοῦ κατὰ τὴν ὕλην (s. Aristoteles). L'idée de l'être sans restriction, de l'infiny, de la généralité n'est point l'idée des creatures ou l'essence qui leur convient, mais l'idée qui représente la Divinité, ou l'essence, qui luy convient (s. Malebranche). Le procédé infinitésimal atteint le fond et le principe d'un phénomène concret, réel, actuel, savoir: le mouvement (s. Gratry). Der Modus (b. Spinoza) bildet „substantiae affectiones sive id, quod in alio est, per quod etiam concipitur" (neben „in se esse"). Ce qui est au-delà de la science est absolument inaccessible à l'esprit humain, mais inaccessible ne veut pas dire seul et non-existant (s. Littré) und die Zugänglichkeit mag im Zusammenhang herausgerechnet werden (bei Durchbildung des logischen Rechnens zum psychischen Infinitesimalcalcul). Hegel hat die Philosophie zur sich selbst begeisternden Wissenschaft erhoben, in welcher, wie in der Mathematik von Anfang an Streit um Principien nicht Platz greifen kann (s. Michelet). Schelling erwartet für die Wiedergeburt der Philosophie aus den Wurzeln göttlicher Offenbarung die Annäherung jener Zeitepochen, wichtiger für die Welt, als wie drei Jahrhunderte der Entdeckung einer andern Hemisphäre, um das „transcendente Positive" aus der Religion durch Erfahrung aufzunehmen (im naturwissenschaftlichen Studium der Völkergedanken).

Variationen), und das Göttliche zugleich als das All durchwaltend, in immanenter Ursächlichkeit des Absoluten (soweit psychologischer Erfassung zugänglich).

Neben der Substanz mit dem Modus (oder Accidenzen), als „affectiones substantiae" kommt zum Attribut das von dem Verstand in der Substanz Aufgefasste (s. Spinoza), unter fortgehender Verarbeitung, zur Assimilirung des „Pabulum", wie dem Appetitus intellectivus schmackhaft (bei einheitlichem Abgleich).

In Totalursachen („causa integra") ergiebt sich (aus der Summe der Accidenzen), den physikalischen Agentien der geographischen Provinz gegenüber, als ihre „causa efficiens" die jedesmal organische Wesenheit als „causa materialis", aus der Urmaterie oder „materia prima" (b. Hobbes), die „als solche kein bestimmter, von andern sich unterscheidender Körper ist, sondern erst durch das Hinzutreten des Accidenzes der Formen zu den besonderen Dingen werden muss" (s. S. Mayer). So fällt die „Essentia existentiam involvens" (s. Spinoza) über den Horizont der Geographischen Provinz hinaus, der sich in dem Charakter eines Schöpfungscentrum nur soweit bedingt, als aus der Gesellschaftswesenheit des Menschen die ethnische Weltanschauung reflectirend (in dem Völkergedanken).

Im Werden (zur Stetigung mit dem Sein) bewahrt sich das „Principium individuationis" in seiner Identität (ob nach Einheit der Materie, ob Einheit der Form, oder Einheit der Accidenzen) unter der Bewegung des Wandels in der Harmonie nothwendig geschlossener Gesetze kosmischen Waltens, in den Welten, — (und so auch der „Welt der Vorstellungen").

Wenn die Vermögen des Verstandes (bei Reid) dem des, in seiner Freiheit (b. Locke) bestrittenen, Willens unterworfen werden, in jeder Activität, so liesse sich das auch bis zur vegetativen Seele (b. Aristoteles) als forma corporis (formans), neben „anima sensitiva" (und „motiva"), sowie „anima rationalis" (intellectiva) sive intellectualis (scholastisch) zurückverfolgen, und wenn dann die menschlichen Seelen, (gleich den Engeln), als stoffliche Formen (formae separatae) gesetzt werden (b. Thom. Aq.), an Stelle innerlich (unter hypnotischen Erscheinungsfolgen) wirkender Entelechie, so ist das Seelengespenst fertig (für spiritistische Revenants), mit Anhängsel des Auferstehungsleibs (s. Oswald) im Körper, den die Catharer der Vernichtung überweisen (weil Werk des Satans), um aus den Fesseln die σῶμα (oder σῆμα) des Unsterblichen zu befreien (b. Plato). Die physischen Zellbildungen (gleich pflanzlichen) verfeinern sich im „Orang utan" (der Passumab) zu psychischen, bis in physo-psychische Ausläufer, aus dem Sinnlichen in die Region des Uebersinnlichen, aber dort tritt dann ἔξωθεν (gleich dem Nous, als Intellectus agens) fremdartige Reizeinwirkung hinzu, — in Suggestion des νοῦς, als „suggestus" für menschengestaltige Seele (b. Tertullian) —, aus den das Individuum gesellschaftlich umgebenden Sphären, und derjenigen Schöpfungen, an welchen die integrirenden Factoren selbstthätig unbewusst mitgearbeitet haben. Hier nun, im Unterschied der unwillkürlichen Thätigkeit, (einer anima motiva), macht sich die Empfindnng eines in freier Entscheidung unabhängigen Willens fühlbar, denn dem Denken strömt es in zwei verschiedenen Richtungen zu, einmal aus derjenigen der in Zwang gebundenen Nervenbahnen, denen es seinen Wurzeln nach selbst eingesenkt ist (mit einer schwach rückwirkenden Einflussbefähigung in den Gefühlswallungen), dann aber aus der jenseits höheren, wo es sich im Zusammenhang mit einem Fruchttreiben (in idealen Gestaltungen) fühlt, worin es, als an sich bereits activer Mitarbeiter, auch fernerhin durch eigene Entscheidung (soweit sie reichen sollte) zu influenziren vermag, und um so selbstständig freier, je mehr der Mechanismus, in welchen die Einfügung statt hat, seines innersten Getriebes nach verstanden, desto leichter nach normal richtigen Principien geleitet werden kann (wie dem Zustand geistiger Gesundheit zusagend).

Der Zugang, — (wie bei sonst akustisch Sinnlichem, in allgemein gültige Rythmen austönend) —, geschieht durch das Ohr in solchen Laut-Complexen, die, weil seelisch geschaffen, demgemäss ihrem innerlich bedingenden Sinne nach verstanden werden können, wenn durch Associationsreihe die symbolische Hülle des Wortes für jedesmalige Bedeutung zu vertrauter Gewohnheit geworden ist, und ähnlich lässt sich unvollkommen angelegter Zeichensprache auf optischem Wege ihr Verständniss abgewinnen (etwaig nöthigen Falles). Gleichzeitig hallt ein „clamor concomitans" nach, aus psycho-physischer Unterlage (in physo-psychischer Modification), und das so, auf den im Sinnlich-Körperlichen naturgemäss gebreiteten Bahnen (als unwillkührlich bekannten), gleichmässig mechanisch fortwirkende Denken beginnt sich, im Bewusstsein, jetzt zu klären für übersinnliches Verständniss, beim Zutritt eines „sens divin" (aus dem „Appetitus intellectivus").

Beim Sehen des Baumes schafft sich zunächst (in optisch-akustischer Concordanz der Schwingungen) sein lautlicher Doppelgänger, und so stehen im Geist zwei mehrweniger einander deckende Seitenbilder nebeneinander zusammen, und indem hier bei unbestimmtem Verschwinden der verschiedenen Einzelnheiten unter einander (im Ganzen), die als besonders charakteristisch typisch durchschlagenden vorwiegender heraustreten, ist dadurch die Einleitung fernerer Generalisationen erleichtert, welche dann wieder in rückgängiger Controlle analytisch auf die Einzelheiten zu prüfen sein würden (bei logischer Durchbildung).

Ausgesprochen in der Activität des Willens (s. Descartes), als Hegemonikon (der Stoiker) mit dem „Conatus" der Monade (b. Leibniz), schreitet die Kraftäusserung „ramené à la nation de volonté" (b. Maine de Biron), aus Physischem fort in das Psychische für das Leben der Seele, die aus der individuellen Mitwirkung schaffend anftritt in der gesellschaftlichen Atmosphäre, worin die geographisch-historisch variirenden Völkergedanken schweben (in naturwissenschaftlicher Auffassung der Psychologie). Unnunterbrochen durchdringt Zersetzung und Erneuerung der Zellen die Gewebe des Organismus, periodisch folgt die peristaltische Bewegung des Verdauungsapparates, rythmisch fungirt das Respirationssystem im Zusammenarbeiten verschiedener Nervenbahnen zum gegenseitigen Ausgleich (bei deren Störung asthmatische Beschwerde eintritt), und so stellt sich in den psychisch durchwaltenden Empfindungen momentan harmonische Einheit her, wenn die Thätigkeit des Willens jedesmalig sich zu verwirklichen hat, auf die Muskelaction im Körper sowohl, wie zu idealen Zusammenfassungen im Denkprocess, der die sprachlich geschaffenen Generalisationen dann weiter aus den Rückwirkungen auf das individuelle Selbst zu verwerthen hat (in der Logik des Rechnens). Im Emporwachsen der innerlich mit dem Körper, nach obenhin mit Gott geeigneten Seele (b. Malebranche), erhebt sich das Denken, in Fülle seiner Kraft, aus psycho - physischer Grundlage zu der Cultur-Idee des Ewig - Unendlichen (in ethnischer Psychologie der Naturwissenschaft).

Wenn auf undeutlich verworrener Unterlage der Gefühlswallungen in der über den physischen Nervencentren (aus deren Ueberschuss gleichsam gebildet) schwebenden Region des Psychischen, bestimmte Triebe deutlicher hervortreten und sich in Wahlverwandtschaften einigen, so entspringt bei solchem Zusammenschluss der zuckende Strahl, der den Muskel treffend, diesen bewegt (worauf, unter Erschöpfung der aus der Latenz hervorgerufenen Kraft, der Zustand der Ruhe zurückkehrt).

Im physischen Vegetiren bereits hat sich nach normal durchgehenden Wiederholungen die entsprechende Gleichförmigkeit gebildet, in der Reflexaction, auf den Reiz folgend und diesen in umschriebener (oder vorgeschriebener) Form beantwortend. Ueber diese Gebundenheit hinaus bewahren die auf animalische Muskeln einfallenden Willensregungen eine verhältnissmässige Weite peripherischer Freiheit, aber unter genügender Analysirung der ursächlich wirkenden Reize würde sich (bei ausreichend vorliegendem Beweismaterial), schliesslich stets die Gebundenheit des scheinbar freien Willens an gesetzliche Naturbedingungen ergeben (wie unter den kosmischen Harmonien an sich erforderlich).

Ueber diesen innerhalb des Physischen gebreiteten (oder in dasselbe rückgreifenden) Regionen des Psychischen, schwebt nun (beim Menschen) eine höhere noch, worin die materiell in Zellwandlungen realisirten Wirkungsweisen sich im Wachsthumsprocess des Denkens manifestiren, um Ideen anzusetzen, als Blüthen, die zu Früchten reifen mögen, wenn naturgemäss sorgsam gepflegt (bei Richtigkeit und Correctheit des logischen Rechnens).

Was bei diesen Entfaltungen eines organischen Wachsthums innerlich sich fühlt, wäre gleichsam das Tad (brahminischer Schöpfungsvorzeit), denn Es „denkt" (ergo sum).

Hier auch treffen psychische Polaritäten aufeinander, hier auch mögen sie beim wahlverwandtschaftlichen Aufeinandertreffen neue Schöpfungen zünden, und sich dann in dementsprechendem Willensausdruck manifestiren, aber hier dann eben auch ist der vermeintlich freieste Wille für seine äussersten Wurzeln an die organischen Wachsthumsvorgänge gebunden, und dass er, innerhalb des geregelt gleichmässigen Fortgangs derselben, überhaupt in temporär periodische Erscheinungen tritt, steht in Abhängigkeit von den Reizen, die zwischenfallen, störend oder ablenkend, und deshalb Rehabilitirung erfordernd (um den Zustand der Gesundheit zu erhalten).

Die hier zur Geltung kommenden Reize, sofern über das Sinnliche hinausliegend, (im Uebersinnlichen eben), stammen aus jener psychischen Welt, die im Sprachaustansch geschaffen, den Gesellschaftskörper umgieht, und, weil alle die constituirenden Individuen in sich einbegreifend, auf ein jedes derselben also auch, in Einzelnheiten, zu reagiren vermag (wie je nach Umständen geboten).

Hier ebenfalls greift der Wille, (wenn auch nach verschiedener Weite der Combinationen), nur momentan vorübergehend ein, und wenn er ausgeklungen (betreffs des Sonderzwecks, für welchen hervorgerufen), tritt wiederum der Ruhezustand ein, der sobezüglich allerdings als stehende Bewegung zu fassen wäre, im organisch fortwaltenden Wachsthumsgang des Denkens, wenn angeregt durch die Reize des „Appetitus intellectivus", nach dessen Befriedigung strebend, im Umhertasten an seinen Idealen, — die in der psychischen Welt der Gesellschaftsgedanken geschaffen, aus dieser hineinragen in die Welt der Vorstellungen jedes Einzelnen, und dort ihre Fragen stellen.

Je seltener der Wille selbstwillig zwischeneingreift, desto edler und vollkommener wird der „Nisus formativus", wie in Reinheit einwohnend, zu seiner naturgemässen Entfaltung gelangen, für erweitertere Ausschau in die Unendlichkeiten des Alles, auf den Stufengraden zunehmenden Reifestadiums, und um, in solcher Hinsicht, das Weltgeheimniss sich selbst enträthseln zu lassen, handelt es sich bei der Meditation nicht sowohl um die Thätigkeit eigen-sinnigen Willens, sondern eher vielmehr um seine Zurückdrängung oder Unterdrückung, damit ohne störend ablenkenden Zwischengriff Alles sich rein, gross, hehrer entfalte, wie potentiell angelegt.

Gleichzeitig freilich, um nicht dem bethörenden Rauschtrank der Mystik zu verfallen, macht sich hier die substantiell ernährende Kost der Naturwissenschaften erforderlich, um mit thatsächlichen Bausteinen zu rechnen (gleich den Völkergedanken in naturwissenschaftlicher Psychologie). Der Wille ist ein Streben, mit der Vorstellung einer Erreichbarkeit des Angestrebten verbunden (s. Herbart), und die Vernunft ahnt, wie im Schönen das Gute, dass die Ordnung der Welt in der Idee Gottes ruht (b. Fries), nach kosmischen Harmonien (in den Idealschöpfungen).

Wenn innerhalb der Welträthsel zum Rathen und Berathen geführt, hat die Seele zunächst sich selber sich zuzuwenden, ihr eigenes Handwerkszeug kennen zu lernen, in der Psychologie.

Wenn sie verachtend, „hanc historiolam animae" (cf. Spinoza), τὴν τῆς ψυχῆς ἱστορίην (b. Aristoteles), wenn in den Wolkenregionen eines absoluten Idealismus schwebend, mit ontologischem Geträume, erschöpft sich die Philosophie im Leeren und Nichtigen der Negationen, bis wieder aufgerüttelt zum Erwachen, in Erinnerung der Selbsterkenntniss eigenen Bewusstseins (seit cartesianischer Reform).

Auch hier indess findet sich eine erzwungene Grenze gezogen, wenn die Deduction mit ihrem Subtrahiren zu Ende ist, und anderseits hat ein addirender Aufbau aus psycho-physischen Unterlagen auf die „Grenzen

des Naturerkennens" zu stossen, wenn nüchternem Sinn des Naturforschers
jene wilde Jagd auf die in Unendlichkeiten fortstreichenden Zahlenreihen
(frühreifer Ursprungsfragen) nicht behagen kann (weil unfruchtbar hoff-
nungslos).

Nur wenn mit Gewinnung thatsächlicher Bausteine auch in der
Psychologie die comparativ-genetische Methode der Naturwissenschaften
zu inductiver Anwendung zu bringen möglich sein sollte, könnte hier eine
Aussicht auf neue Perspectiven eröffnet sein, beim Anschluss an die Lehre
von den geographischen Provinzen für die Gesellschaftswesenheit des
Zoon politikon (unter gesetzlichen Variationen des Völkergedankens).

„L'ontologie ou la science des êtres ne peut avoir de base scientifique
ailleurs que dans la psychologie, dont elle est elle-même un corollaire et
une dépendance" (s. Gilardin), und so wird im Buddhismus eine religions-
philosophische Lösung versucht, welche in naturwissenschaftlicher Zeit ihre
dementsprechend naturwissenschaftliche Wendung zu erhalten hat (in der
Psychologie als Naturwissenschaft). „La psychologie bien entendue contient
l'ontologie" (s. Garnier), findet sich abgeschieden dagegen, als (nach Hutcheson's Vorgang) Reid (1739) aus dem Schlummer erweckt war, durch Hume's
Skepticismus (wie Kant). Es handelt sich in der Psychologie nicht um
die Seele allein, sondern um Seele und Körper, „c'est ce composé qui
porte le nom d'homme" (s. Bonnet), aber jenseits der Grenzen des Sensualismus beginnen die Ideen zu keimen, auf einer psychischen Sphäre
der Gesellschaft (im Gesellschaftsgedanken des Menschen als Zoon politikon).

Wenn nach Passivität der Aufnahme, als Perception (s. Locke) bei
den niederen Vorstellungen, für die höheren eine Activität hervortritt, so
würde sich dies (in objectiv naturwissenschaftlicher Auffassung) dahin
modificiren, dass aus den mit den Sinnesempfindungen eingesäeten Keimen,
aus darin schlummernden Voranlagen, der Wachsthumstrieb geweckt
wird, zu seinen Gestaltungen emporzustreben, als „Intellectus agens"
(b. Averröes), das Universale aus den Einzelnheiten abstrahirend, in eben
dem Vermögen, das afficirt wird (s. Pourçain), indem die Dinge ohne
Vermittlung durch „formae speculares" angeschaut werden (s. Aureol.),
und während es heisst „voluntas est superior intellectu" (h. Duns Scotus),
würde der Wille nur in den dafür bestimmten Actionen zu bewahren
sein, weil bei der Meditation gerade so lange zu unterdrücken, bis in den
kritischen Momenten seinen Stempel aufdrückend, einer „Materia signata"
(h. Thom. Aq.), in materieller Schöpfung, wie geistiger (idealer Verkörperungen). Unter den Verhältnisswerthen vereinigt (in psychischer
Zellentwicklung) der Mittelbegriff durch „Interventio medii" (h. Buridan)
im logischen Rechnen (zur Schlussfolgerung). „La moralité morale ne
plus que la realité physique ne s'imagine pas, elle se constate" (s. Nourisson).
Sicherer als alle Sinneswahrnehmung gilt (bei den Nominalisten) „die
intuitive Erkenntniss des Intellects von unseren eigenen Zuständen", und
mit den Worten, als willkührlich auf Uebereinkunft (συνθήκη) beruhenden
Zeichen (in „flatus vocis"), fällt die Psychologie auf Selbstbeobachtung
zurück (vor innerlich realistischer Begründung), indem bei Discrepanz

zwischen Wissen und Glauben die Ursprungsfragen fern zu halten bleiben, betreffs der Schöpfungsgedanken (oder Schöpfergedanken). „Intelligere Dei est divina essentia et divinum esse est ipse Deus (s. Thom. Aq.). Wenn die Selbsterkenntniss höher ist, als die Wahrnehmung von äusseren Objecten (b. Petrus de Alliaco), folgt leicht Verflüchtigung bis zur Negirung (b. Berkeley), denn das Allgemeine existirt nur in dem denkenden Geist, als „conceptus mentis, significans univoce plura singularia" (b. Occam), aber indem der Begriff sich bildet, muss er durch ein anticipirend Bildendes bedingt sein, für den „sens divin" (b. Gratry), in Aromana (der Ayatana). Die Richtigkeit des Rechnens liegt in der der Verhältnisswerthe, betreffs der Formeln derjenigen Gleichungen, worin sie gestellt werden, ob allgemein generalisirend (mit unendlichen Reihen weiter), ob in minutieuser Mikroskopik erschöpfend im Detail, bei stets vorausgesetzten ὅροι (im Horos), als „termini" (b. Petrus Hispanus). „Scientia est de rebus singularibus quod ipso ipsis singularibus termini supponunt" (s. Occam), und so zeigt sich in der Beschränkung der Meister (im Grossen und im Kleinen). Die Realität liegt in den Universalia, aus denen die Individuen durch das „principium individuationis" bedingt sind (b. Duns Scotus), und wenn sich dann der Einzelne integrirt in der Gesellschaftswesenheit, die „Haecceitas" in der „Quidditas", mag die so gewonnene Rechnungsmethode auch weiterhin verwendet werden (zur Verwerthung für Ursprungsfragen auf dem Wege der Annäherung).

So findet sich die moderne Psychologie, aus der Logik (nominalistischer Dialektik), in philologische Tüfteleien zerkrümelt, beim „Denken und Sprechen" (s. M. Müller), oder auf metaphysischen Wolkenflügen (einer Identitätsphilosophie) verloren gehend, indem es zur Stütze idealistisch wölbender Gebilde zuvor eines thatsächlichen Gerüstes bedürfen wird, wofür das Material den Bausteinen der Völkergedanken zu entnehmen wäre, zum Ausbau einheitlicher Weltanschauung im naturwissenschaftlichen Zeitalter (der Naturforschung).

Was mit der sinnlichen Nachwirkung zum Eindruck kommt, bei den Gestaltsumrissen (nach proportionellem Zusammenhang) im Zugehörigen (im Ange), nach der Cadenz (im Ohr) u. s. w., wird mit den mathematisch unterliegenden Grundzügen, (wie optisch und akustisch schon correspondirend), je nach dem Zusammenstimmen mit zornig oder sanft gestimmter Gefühlsanlage im Angenehmen oder Unangenehmen (des πάθος) klingen, mit äusserlicher Rückbeziehung auf Schönes oder Hässliches, und wenn dann solch' Schönes unter den „titres nominanx" (b. Maine de Biron) seinen sprachlichen Ausdruck gefunden und mit denselben eingeschlossen wiederum, entsprechend correspondirende Beantwortung findet, ergäbe sich insofern ein Sinn des Schönen (b. Hutcheson), aber als ein psychologisch gezeitigtes, und deshalb ausverfolgbares Product, das obwohl nach der anthropologisch variirenden Constitution (und also auch der ethnischen in Gesellschaftswesenheit) wechselnd, immer sich anzuschliessen hätte an allgemein gültige Gesetze (wie das All' durchwaltend). Und wenn, wie das Schöne, ebenfalls das Gute (im zusammenstrahlenden Glanze eines

„Kalonkagathou") mit harmonischem Eindruck durchdringt, fühlen auch hier sich allwaltende Gesetze, wie im organischen Wachsthum überall, in dem des Gedankenbaumes bethätigt, der in gesellschaftlicher Sphäre das Individualleben mithineinspinnt (und was in der Moral theoretisch zu entwerfen versucht wird, rechtlich bestätigt in der Praxis).

Unter Gefühlswallungen zeugt sich das Ideal, das dann, (mit Aquino's Spiegel des göttlichen Lichtes), aus dem Reflex geistigen Horizontes zündend zurückwirkt (aus sprachlichen Umrissen der Denkschöpfung).

Die Psychologie, (die zum Kennenlernen des Handwerkszeugs in geistiger Thätigkeit stets voranzugeben hat), tritt in der Identitätsphilosophie scheinbar zurück, weil gewissermassen das ganze System, dessen Substanzbegriff in der Identität des Subjectiven und Objectiven fällt, eine ungeheuer ungeheuerliche Psychologie bildet, in den metaphysischen Regionen, mit dem Sein beginnend, dem angeblich Einfachsten, aber in Wirklichkeit Complicirtesten von Allem, weil bereits die gesammten Keime des Alls „in unce" einschliessend, und so könnte nur die Auseinanderlegung organischer Wachsthumsentwicklung (vom Potentiellen zum Actuellen) zum Ziele führen, im logischen Rechnen (naturwissenschaftlicher Psychologie).

„Tout procédé logique consiste à réposer ou à unir, par négation ou affirmation, tous les attributs rapportés au sujet, que les effets rapportés aux causes" (b. Gratry). La synthèse unit entre elles les propositions derivées les unes des autres, l'analyse sépare et divise, mais en décomposant elle constate le lien qui unissait les parties (s. Gilardin), in Induction und Deduction (logischen Rechnens).

Esse essentiae nihil aliud est quam modus ille, quo res creatae in attributis Dei comprehenduntur (s. Spinoza), oder aus „Natura" (in der naturwissenschaftlichen Auffassung). Die reflectirende Urtheilskraft, die von dem Besonderen in der Natur zum Allgemeinen aufzusteigen die Obliegenheit hat, bedarf eines Princips, welches sie nicht von der Erfahrung entlehnen kann (s. Kant). „La raison naturelle, sans reflexion, nous donne les verités prémières, puis vient le raisonnement, qui analysant et deduisant tantôt retrouve ces verités et tantôt les perd" (s. Bersot). Die Empfindung (eine Function stofflicher Theile) erlangt, im Weitergange des Processes, das Bewusstsein (s. Carneri). Das Denken wird als subjectives Postuliren eines transsubjectiven Inhalts gefasst (b. Volkelt). In der „neueren Philosophie" gestaltet sich die Anthropologie (mit Einschluss der Physiologie) zur Universalwissenschaft (s. Feuerbach). „Wenn die Psychologie am Anfang der Entwicklung in der Peripherie stand und das fertige philosophische System im Centrum, so stehen am Ende der Entwicklung die historischen Systeme, als empirische Objecte der Psychologie selbst, in der Peripherie, während die Stellung der Psychologie, nach einer langen, aber meist centropetalen Bewegung, eine centrale ist, entsprechend dem Umstand, dass für das menschliche Denken eben der denkende und beobachtende Mensch es ist, welcher im Mittelpunkt seiner Beobachtungen steht, und damit, für sich, auch im Centrum der Welt" (s. Avenarius). Das psychische Element ist der wesentlichste Factor in aller Culturbewegung, um den sich Alles dreht, und die Psychologie ist daher die vornehmste Basis aller in einem höheren Sinne gefassten Culturwissenschaft (s. Paul), zur Durchbildung nach comparativ-genetischer Methode (in der Ethnologie).

Indem die Sinnesempfindungen, wie antreffend (extrorsum), ihre adäquaten Reactionen hervorrufen (introrsum), indem sie sodann in die überschüssig, über den vegetativen Reflexorganisationen im Organismus, schwebenden Nervensphären einfallen und dort unklar wogende Gefühlswallungen anregen, — welche wallen und schwellen, um je nach vorwiegender Richtung in Leidenschaften zum Ausdruck zu gelangen, auch, nach Umständen, wieder auf Muskelbewegungen überspringen —, so liegt hier die individuell traumartige Unterschichtung gebreitet, auf welche, bei Zutritt der Sprachschöpfungen aus gesellschaftlicher Atmosphäre, der Gedankenbau baumartig emporzusteigen beginnt, im psychischen Wachsthum innerlichen Triebes (als im Willen bethätigt).

Was aus der das All erhaltenden Werdenskraft (im Sein), als „continuata creatio" (oder „conservatio mundi") auch im individuellen Organismus lebendig wirkt, gestaltet sich, auf den Denkregionen des Gesellschaftskörpers, zu den Manifestationen des Willens, im Bewusstseinsgefühl der Freiheit für das Selbst, als integrirender Theil (zum Herausrechnen der Verhältnisswerthe im πρός τι).'

Vom Primus motor her durchströmt das All mit Leben[*]), ἡ ἀεί οὐσία φύσις, in selbstthätigen Monaden der Atome einer „essentia existentiam involvens", deren „causae secundae agunt in virtute primae", und so aus den Verhältnisswerthen der Vielheiten im Sein zu einander, hat das logische Rechnen fortzuschreiten zu verknüpfender Einheit (im Gesetze harmonischen Gleichklangs).

Wenn aus dem Sein (von der Aussenwelt her) die im Innern zusammenströmenden Empfindungen dort, (den, ihren Schwingungen nach, aufgelösten Wahlverwandtschaften folgend), mit einander sich kreuzen, macht, je nach der Eurythmie, Lust oder Unlust sich fühlbar, mit hervortretendem Wunsch zum Abgleich etwaiger Disharmonie, — einer, wenn nicht zum

---

[*]) Individua omnia, quamvis diversis gradibus, animata sunt (b. Spinoza), in psychischer Ontologie (zu Selbsterkenntniss). Alle Sinnesthätigkeit führt sich auf eine einzige zurück in der Empfindung (s. Herbart). L'idéologie est une partie de la Zoologie (s. Tracy). In der Seele giebt es nur das einzige Vermögen ἡγεμόνικον, als activ und passiv (b. Zeno), im Willensausdruck (der Persönlichkeit). „L'induction c'est une marche régulière du particulier à l'universel" (s. Saisset). „L'induction nous donne à la fois l'avenir et l'analogie" (s. Royer-Collard). „La raison a deux procédés, deduction, induction, procédé de continuité et procédé de transcendance" (zu gegenseitiger Controlle, im logischen Rechnen). En toute forme, en tout mouvement, en toute expression rationnelle de grandeur variable de tout genre, soit qu'elle répond au temps, à l'espace, au mouvement, soit qu'elle n'y répond point, l'analyse infinitésimale, c'est universel procédé de la raison, appliqué aux mathématiques, l'analyse, disons-nous, atteint et met à part les deux éléments essentiels, le variable et l'invariable (s. Gratry). Die Modi sind (b. Spinoza) „affectiones attributorum" in der Substanz (prior natura suis affectionibus).

Schmerz fortgehenden, doch weiter noch vervollkommenden Ausgleich ver-
langenden, (und um so eindringlicher zwar, je stärker bereits die Verlockung
des Angenehmen sich spürt). Das Ziel liegt vor, die Wege dahin sind verschiedene und derjenige, der aus Gewohnheit (in Associationen) der ver-
trautere (oder beliebtere, also rathsamere) geworden, pflegt gewählt zu werden
von der Entscheidung des Willens. Diese, auf den im Körper gebreiteten
Nervenbahnen, — bis zu deren (in zuckfähigen Muskelfasern) auslaufenden
Endigungen —, rückgleitende Willensthat vermag ihre (in solchartigen Erfahrungen geübte) Befähigung auch dann ferner zur Verwendung (und Aus-
werthung) zu bringen, wenn über das Sinnliche bereits erhobene Empfindungs-
vorstellungen, (im Uebersinnlichen also), miteinander streiten, obwohl hier,
(um die naturgemäss einwohnenden Wahlverwandtschaften im gesetzlichen
Auswirken nicht zu stören), ein vorläufig passives Zuschauen (unter Willens-
enthaltung und Entsagung) rathsam erscheinen muss, um erst im Moment
vollendeten Reifestadiums den Abschluss activ zu bestimmen, mit Ziehen
eines Facit (im logischen Rechnen).

Das logische Rechnen setzt an mit der Aufmerksamkeit (als „Wizara"
des Abhidhamma), die Ideen entspringen aus der „l'attention" (b. Laromiguière), un acte de volonté (b. Cousin), und hier kettet sich Glied an
Glied, bis zur ausbreitenden Erweiterung auf gesellschaftlicher Sphäre,
mit zurückwirkendem Einfluss der dort geschaffenen Ideale auf das als
integrirender Theil dem Ganzen eingeschlossene Einzelwesen, τήν μερικήν
oder ίδικήν οὐσίαν (b. Gregor Nyss.), um seine Entscheidung zu treffen
(nach moralischer Verantwortlichkeit).

Die Hinrichtung der Aufmerksamkeit liegt, ihrer primärsten Veranlassung nach, in dem unwillkührlichen Muskelspiel am ocularen Apparat,
um bei dem Arrangement, für richtig geordnete Justificirung der optischen
Einstellung, einen jeden Theil des Mechanismus in diejenige Stellung zu
bringen, wie zu seiner vollsten Auswirkung, ursprünglich physischer Veranlagung gemäss, vorbedingt. Wenn und indem dies geschieht, tritt ein
selbstständig neuer Schöpfungsact hervor, im Hervorspringen des Bildes, das
gesehen (das als gesehen empfunden), und dieser aus (schöpferisch) all-
durchwaltender Gesetzeskraft electrisch treffende Funke zündet nun weiter
im aufklärenden Verständniss, mit organischer Fortentwicklung (und dementsprechender Auswirkung) des Denkprocesses, unter Zutritt bewussten
Erkennens des Selbst, wenn auf den sprachlich einfallenden Generalisationen, das Theilganze in der Persönlichkeit sich nach zukommenden Verhältnisswerthen rechnend fixirt hat (der Gesellschaftswesenheit des Menschen
entsprechend).

Solch unerschöpft strömende Schöpferkraft durchdringt erhaltend das
Sein in seinen Individualisationen, den organisch lebendigen Kreislauf entlang ebensowohl, wie bei dem nach momentanem Krystallisationsabklang
in temporärer Fortdauer anorganisch verharrenden Bildungsact. Dem
Eskimo steckt in jedem Ding sein Innuit, wie im alchymistischen Vorgang
der Elementargeist, aus den für ungeschultes Denken naheliegenden Per-
sonificationen, und wie die Pflanzenseele poetisch ausgeschmückt aus

Dryaden reden mag, (oder aus „Nanna"), erhebt sich aus dem verwesenden Leib das Gespenst der Sisa (in Guinea), oder ein Wiedergänger (neben traumhaftem Doppelgänger), ein „Chano ora", sonst überall (in spiritistisch-zerknäuseltem Wust), nach anthropomorphisirendem Hang, der auch in Bildungsgestalt des Körpers schon die Seele sucht, von der „anima vegetativa" her, — „zart, hell und luftartig" (b. Tertullian), als denkender Körper (Voltaire's), (für den „Orang alus" oder Feiumensch der Passumah). — während das, was seelisch Zeit und Raum überdauert, aus den ewigen Ideen erst eingetreten ist, aus sprachlich-gesellschaftlicher Gestaltung in Wechselwirkung mit prototypischen Mittelgliedern, die aus den Accidenzen verhüllt unterliegender Substanz gefasst, bei der Unendlichkeit des Alls dann erst anzunähern sein würden, wenn dem logischen Rechnen sein höherer Calcul hinzugewonnen wäre (bei allmählig fortschreitender Durchbildung naturwissenschaftlicher Psychologie, im Verlaufe menschheitlicher Culturgeschichte).

L'époque de l'Arithmétique des infinis de Wallis (cf. Montucla) bezeichnet den neuen Fortschritt, „à l'aide d'une induction" (in infinitum continuata). Aus dem gegebenen Effect die Ursachen zu suchen, stellt sich im Problem des Differential-Calcul, aus der Ursache der Effect im Integralcalcul, für die Mechanik (s. Apelt). Das „Infinitum creatum sive Transfinitum" (neben dem „Infinitum aeternum sive Absolutum") bezieht sich auf die „actual unendliche Zahl der geschaffenen Einzelwesen" (s. Cantor), zum Ausgang (im Gegebenen).

Wenn auf den Syllogismus beschränkt, in der Deduction (anagogisch), würde der Wissenschaft der Fortschritt fehlen (s. Aristoteles), um Wahrheiten zu finden, kraft der Induction (epagogisch). Newton stellt der Synthesis (als Deduction) die auf die Erfahrung gestützte Analysis voran (in der Induction), sofern es sich bei dem in der Physik Gegebenen um ein Hinabsteigen zu den Ursachen handelt, wogegen psychologisch die Induction selber aufzubauen hätte (synthetisch), und dann in rückgängig durchwandernder Deduction, die Controle zu üben (analytisch), „atique futurorum erit, ut et philosophiae moralis fines itidem proferantur" (in der „philosophia naturalis").

Was durch innere Erfahrung erkannt werden soll (b. Reid), die „principles of common sense" (self-evident truths), sind die in der Gesellschaftsregion (des Zoon politikon) entfalteten Allgemein-Ideen, worin jeder Einzelne unbewusst hineinwächst, und sie beim Erwachen des Bewusstseins fertig bereits gebildet in sich allerdings vorfindet (zumal unter verstärkendem Hinweis darauf bei der Erziehung). Um hier auf genetische Entstehung zurückzugehen, kann individuell der psycho-physische Weg betreten werden, während für den Gesellschaftsgedanken selbst, die objective Umschau, durch Fülle der Völkergedanken hindurch, vorhergegangen sein muss (zur Verwendung comparativ-genetischer Methode). Und hier, bei Zusammenhang mit klimatisch-siderischen Agentien (in den geographischen Provinzen sowohl, wie beim Fortschritt vom Sinnlichen zum Transcendenten), hat nicht das mechanische Beschreiben einer „tabula rann" (b. Locke), durch Hineinragen einer unsichtbaren Hand, (sei es göttlicher oder spiritistischer), zu gelten, sondern die Weisung organischer Entwicklung aus den potentiell angelegten Keimen (im Einklang mit harmonischen Gesetzlichkeiten im All).

Indem, neben der demonstrativen Entwicklungsmöglichkeit eines immanenten Verhältnisses in den Vorstellungen, Gewissheit (b. Hume) nur besteht, soweit sich thatsächliche Beziehungen zwischen den Impressionen, als Wahrnehmungen des äusseren und inneren Sinnes, constatiren lassen, so bliebe hier die aus den Ideen neu wieder hinzutretende Anregung beizufügen, um auf der Unterlage anorganisch wahlverwandtschaftlicher Wechselwirkungen, aus gewohnheitsmässiger Association, fortzuschreiten zur Causalverknüpfung im organischen Wandlungsprocesse psychischen Wachsthums, für Entfaltung derjenigen Geistesschöpfungen, die sich, wenn richtig gebildet, in normalem Einklang zu erweisen haben mit harmonisch das All durchwaltenden Gesetzen (nach logischer Berechenbarkeit).

Die Aufmerksamkeit, (durch „Witarka" zu „Wichara", in „Wiraya" fortdauernd), bildet den primären Ansatzpunkt zum Ausgang geistiger Thätigkeit (in bewusster Auffassung), also (psycho-physisch genommen) einer Muskelbewegung zunächst, für Einstellung des Focus im deutlichen Sehen oder im lauschenden Hören (und Umhertasten mit den Nerven-Endungen der Fingerspitzen). „Beim Fixiren zum deutlichen Sehen des Gegenstandes werden die Augenachsen darauf gerichtet durch die Wirkung der vom Nervus oculomotorius versehenen Muskeln, der auch die Bewegungsnerven der Iris durch die Wurzel des Ganglion ciliare abgiebt" (s. J. Müller). Was mit Aufmerksamkeit umfasst (oder erfasst), sinnlich empfunden wird, tritt damit gewissermassen in einen Act musculärer Bewegung ein, in einen lebendig, „in statu nascenti" empfänglichen Moment der Willensthätigkeit, um somit der physischen Constitution gleichsam sich einzuleben.

So, bei unwillkührlichem Zutritt eines Aus- und Abgleich unter bereits vorbereitenden Combinationen, ergiebt sich (bei vorläufigem Ausgang vom Didomenon, unter Absehen zunächst vom Rückrechnen auf die Wurzel der „causa causarum"), ein erst materieller Ansatz zu dem, was beim Hinzukommen psychischer Beobachtungsobjecte (aus gesellschaftlich sprachlicher Sphäre) zum Urtheil sich zu klären hätte, und hier wäre die Aufnahme durch das Ohr vermittelt zur Rückverfolgung lautlicher Gebilde (im Denkgewirke).

Was nun weiterarbeitet im Gedankenleben, würde fort sich führen auf den (bis zur „Erhaltung der Kraft" gesetzten) „Primus Motor", (Ἐστιν ὅ τι κινεῖ), bei Entfaltung des Weltprocesses in den Wachsthumsvorgängen des Psychischen (unter objectiver Umschau), zum Zersetzen complicirter Gebilde (und psychologischem Wiederaufbau).

Der Beginn der Forschung verlangt „collectionem singularium seu inductionem" (s. Leibniz), in Beschaffung des Rohmaterials (auch für den Völkergedanken).

Das psychische Rechnen, beim Ausgang vom Gegebenen (einer Eins), bewegt sich zunächst innerhalb der „vier Species", also im Addiren (zur

Induction) oder im Subtrahiren (zur Deduction) „verbindend und trennend", und insofern, — im Unterschied von der deductiven Methode, welche mit idealistisch bereits fertig überkommenen Zusammensetzungen anhebt, — erweist sich die Induction in ihrer Art hypothetischer Deduction, (nach der mathematischen Controverse), für vorläufige Controlle in den Specialisirungen der Einzelfälle (zum realistischen Aufbau).

Bei höheren Generalisationen, zum Bemeistern der gestellten Aufgabe, benöthigen sich die Anshülfen des Multiplicirens und Dividirens (in der Logik), bis zu Logarithmen eines etwa höheren Calcul (der Infinitesimalrechnungen).

„Un même procédé général s'applique au rapport du fini à l'infini, soit en géométrie, soit en métaphysique" (s. Gratry), und so im logischen Rechnen des Denkens (nach naturwissenschaftlicher Durchbildung der Psychologie). Essentia involvens existentiam (b. Spinoza), ruht als „causa sui" (der Substanz) im dunkeln Urgrund, der gesetzlich zu klären (in kosmischer Harmonie).

Die normal verlaufenden Körperfunctionen kommen nicht zur Empfindung; solche fällt aus oder fehlt, und wenn das Total des Eindruckes die Bezeichnung eines Wohlgefühls erhält, ist dies eine abgeleitete des Unterschiedes aus dem Gegensatz zu der mit störendem Schmerz aufgedrängten Empfindung des Missgefühls, nach wiederhergestelltem Abgleich desselben (im Gefühl frisch-froher Gesundheit). Bei harmonisch bestehendem Zusammenhang mit dem übrig gesammten Sein (in wechselweis allseitigem Abgleich), mangelt die Abscheidung des individuellen Seins, das insofern, als ein Nichtsein also, in ungestörter Wohligkeit sich auflöst, diese als angenehme empfindend, weil (und nachdem) sich unangenehme Empfindung merkbar gemacht, und ihre Beseitigung gefunden hat, — in der Liebe (des Liebens und Geliebtwerdens), die deshalb, als Eros, die Sinnesschöpfung einleitet, weil vorangegangenen Schmerz aufhebend: jene „Dukha" nämlich, die in den Viersätzen des Abhidhamma durch den psychologischen Heilsprocess vernichtet werden soll (im Nichtsein eines Nirwana, als Realität, beim Gegensatz zu täuschender Maya). In materieller Körperempfindung lässt sich, bei genügender Kenntniss der physiologischen und physikalischen Reizwirkungen, unter rationeller Diätetik ein Wohlgefühl, (bei constitutionell noch nicht eingewurzelter Krankheitsstörung), mehr weniger bewahren, wogegen die, mit ihren psychischen Fühlfäden bis in die Denkregionen auf gesellschaftlicher Sphäre hinausgestreckt verlängerten, Empfindungshüllen der Gedankenreihen angetrübte Stetigkeit schwer zu gewinnen vermögen, bei der Uebersichtslosigkeit der unberechenbar bedrohenden Störungen, so dass hier nur kraft gesetzlichen Einblicks ein Anhalt gewonnen werden kann, auf den religiös durchdringenden Grundsätzen des (ethisch) Guten, unter philosophisch beruhigender Auffassung einer einheitlichen Weltanschauung (kosmischer Harmonien).

Im tröstenden Schlaf kehrt das Wohlgefühl des Nichtseienden zurück, im Ohngefühl gewissermassen, aber zugleich eine Ohnmacht für das Pflichtgefühl Desjenigen, der seiner im Dasein gestellten Bestimmungserfüllung bewusst, den Lockungen schwelgender Vergessenheit nur soweit nachzugeben hat, wie von diätetischer Vorschrift (für physische und psychische Gesundheit) verlangt, zur Ausnutzung der in den Momenten pulsirenden Lebens hinschwindenden Zeit (in die Ewigkeiten hinaus).

Das, wenn bereits dem uterinen Leben (b. Bouillier) immanent gesetzte, mit der vegetativen Psyche (h. Aristoteles) zusammenfallende Bewusstsein, (vis sui conscia), realisirt sich dem (in der Welt der Vorstellungen) von Ausenher zugetretenen Nous, für seine physiologisch hergestellte Verbindung im Organismus, betreffs specifischen Sonderausdrucks in dem hergestellten Gegensatz erst des Ich zum Nicht-Ich (h. Fichte), in Selbstständigkeit eines „Principium individuationis" innerhalb der „Ichheit" (als im „Ich intellectueller Anschauung"), bei dem Einzeln-Gedanken als integrirender Theil des Gesellschaftsgedankens (unter den geographisch-historischen Variationen des Völkergedankens).

Zu den Nervenschwingungen, welche aus unmittelbaren Reflexactionen in den Functionen körperlicher Organe sich bethätigen, oder (bei sinnlicher Auffassung) mathematisch geregelte Complexe der Aussenwelt rythmisch beantworten, treten die durch den Willen veranlassten, welche mitunter bis in Körperfunctionen hineinzugreifen vermögen, aber nur da, wo den Bahnen des Muskelfasergewebes folgend, für die Respiration (auf Verzweigungen des Nervus vagus bis zu sympathischem System), und so bei peristaltischer Bewegung, mit Schliessmuskeln zum Schluss, wogegen der Magen mit dünndarmigen Gewinden u. s. w. sich ihnen entzieht, und nur in Folge einer allgemeinen Verstimmung, (Lähmung oder Störung der Nervenschwingungen überhaupt, und so auch der im Gehirn mit dem Willen zusammenhängenden), influenzirend (oder, passiv, influenzirt) sich erweisen mag.

Der Ausgangspunkt für Auftreten solchen Willens selbst liegt nun aber erst in einer als psychisch bereits charakterisirten Sphäre, in einer durch relativ zulässige Unabhängigkeit vom Psychischen in sich soweit selbstständigen, wo im Fortgang organischer Wachsthumsprocesse diese, wie sonst in chemischen Umsetzungen der Zellbildungen (aus der Latenz), Kräfte ausgelöst frei setzen, welche unter- und miteinander geordnet, in geschlossener Action hervortreten bei der Willensthat, die sich dann, auf gesellschaftlicher Sichtung, mehr und mehr vom Materiellen abwendet, dem Idealen entgegen (wohin das Ziel für den Reifezustand gerichtet ist).

Diese Schöpfungen, im Reiche (und Bereiche) des Geistigen, tönen mit Durchklang einer Persönlichkeit, weil in Individualitäten wurzelnd, welche in der Einheit des gesellschaftlichen Ganzen ihre Theilgrösse in Verhältnisswerthen heranzurechnen vermögen, und dazu befähigt sein müssen (kraft logischen Denkens naturwissenschaftlicher Psychologie).

Durch den Widerstand sich als Begrenztes empfindend, kommt das Ich zum Bewusstsein (s. Maine de Biron), in seinem geistigen Leben, durch Klärung der Verhältnisswerthe des Einzelnen zum Ganzen, jedesmaligen Gesellschaftsgedankens (im logischen Rechnen), κατά τὸ ἀπόῤῥητον μετρίαν τινά κατανόησιν (s. Greg. Nyss.) wird im Göttlichen nur erlangt (bei annähernder Erkenntniss). Les idées abstraites, comme telles, ne sont que les premiers rudimens de notre intelligence, elles deviennent notre intelligence elle-même en devenant générales (s. Laromiguière), unter gesetzlicher Einfügung (in harmonische Symphonien).

Die theistische Weltanffassung, mit dem Prius göttlichen Willens (s. Duns Scotus) an Stelle des Verstandes (h. Thom. Aq.), als „lex aeterna") einer (pantheistischen) Nothwendigkeit (s. Spinoza), setzt eine anthropomorphische voraus, indem überhaupt bereits von Verstand und Willen geredet wird, nach dem Menschen als Mass der Dinge (b. Protagoras). „Dieu n'est pas plus esprit que corps" (s. Fénelon). „Das Wesen des Menschen ist nur in der Gemeinschaft, in der Einheit des Menschen mit dem Menschen enthalten" (s. Feuerbach), in der Gesellschaftswesenheit (des Zoon politikon). In objectiver Umschau (unter naturwissenschaftlicher Betrachtungsweise) erkennt das Denken die ihm zugängliche Immanenz allwaltender Gesetze, die sich dann zu vervollständigen hat, in allgemein kosmischer Harmonie (jener Gesetzlichkeit, die sich selber setzt). „Pour Dieu, penser et vouloir se confondent, sont identiques" (s. Gilardin), in den Symbolen menschlicher Auffassungsweise, die sich zu interpretiren haben, soweit der Menschengeist, (in Durchschau einer Bodhi), die Labyrinthe des All zu durchschreiten vermöchte (vom Faden der Gesetzlichkeit geleitet).

Immerhin, sobald der Denkprocess die seinem normalen Entwicklungsgange adäquaten Ziel-Objecte, (in den Moral-Ideen), gefunden hat (für Manas unter den Aromana der Ayatana), wird den pathologischen Störungen des abirrend Verkehrten (im Bösen und Schlechten) vorgebeugt werden können durch rationelle Gefühlsdiätetik (den Zustand geistiger Gesundheit zu wahren), und wie dies in gesellschaftlicher Sphäre auszudrücken wäre, hat aus der Durchforschung der Völkergedanken sich zu ergeben (nach comparativ-genetischer Methode). „Im Licht-Leben lieget Alles natürliche Wohlseyn, in den finstern Kräfften hingegen aller Krankheit Grund verborgen" (s. Retzeln), und wie der böse Zauber (durch Mintapa oder andere Sänger), heilt sich moralisches Uebel im Predigen (evangelischen) Heilsworts (eines Viernatzes).

Die in den Reflexactionen der Körperfunctionen vorausgegebene Veranlagung (zur Combination) gestaltet sich bei psychischer Entwicklung des Denkens zu der durch die Erinnerung mit dem Sinnlichen individuell verknüpften Gewohnheit, welche auf der den Zoon politikon in seiner Existenz umschwebenden Gesellschaftssphäre (des Gesellschaftskörpers), sich aus den Schöpfungen bewusster Gedankenthätigkeit (unbewusst, und insofern mechanisch gleichsam), den (beim Zustand der normalen Gesundheit) unter den Prototypen eines Guten (im Rythmus des Kalonkagathon) waltenden Ideen gesetzlich einzufügen hat (unter den Harmonien des Alls).

In prädestinirter Correlation der Kräfte bedingt sich aus den physikalischen in geographisch-historischer Umgebung, (siderischen Klimas im Tellurismus), die Körpererscheinung mit dem Fortgang zur psychischen Functionsthätigkeit, und diese wiederum, auf der höheren Sphäre gesellschaftlicher Hyle gleichsam, ruft diejenige organische Schöpfung hervor, welche in Ewig-Unendliches verlaufend, zugleich dem als Factor eingeschlossenen Selbst seine Integrirung zu ermöglichen hat (aus den Differentialen im logischen Rechnen).

Auf physikalisch bedingter Unterlage des in individueller Bestimmtheit physisch umschriebenen Körperlichen treten die chemischen Folgewirkungen aus dem Stoffumsatz im Organischen mit dem Totaleffect der Lebenskraft hervor, bis zum Psychischen hinaus, (in lebendiger Energie), und hier wiederum, auf dem Stufengrad des Menschen (für seine gesellschaftliche Sphäre) beginnt die Schöpfungswirkung psychischer Kräfte, um in der Welt der Vorstellungen jene Ideen hervorzurufen, welche das All, wenn nicht durchwallend, doch durchwandernd, seine Probleme zu begreifen, als Aufgabe sich gestellt finden, für naturwissenschaftliche Psychologie, bei ihrer Begründung auf die Völkergedanken: damit sich das Denken auf eigenes Bewusstsein zurückgeführt finde, in der terrestrischen Weite seines Bereiches, und dort bereits, über das planetarisch im Wandel Veränderliche hinaus, — mit Fixsternen (zum Anhaften und Anhalten) verknüpft, als leitende Ziele des im Umkreisen gestetigten Pols (aus ewig unabänderlicher Gesetzlichkeit). In der Beständigkeit („persistence") der Kraft liegt das Absolute (b. Spencer), und der Begriff der Dauer (als Voraussetzung der Zeitfolge) entspringt aus der Empfindung beständiger Identität (s. Royer-Collard), in den Momenten[*] gemessen (der Pulsationen).

Indem sich zum deutlichen Sehen die Augen auf den Focus einstellen, wird hier vorwiegend (in Mehrzahl der Fälle), noch in jener mehr weniger unbewussten Thätigkeit gehandelt, wodurch auf einfallendem Reiz der gestellten Frage ihre Antwort folgt, im Nervenreflex, mit secundär weiterem Zutritt gewohnter Anordnungsweisen. Immerhin kennzeichnet sich in dem optischen Eingreifen des Einzeln-Gegenstandes, unter den sämmt-

---

[*] Dieu embrasse dans le même instant le présent, le passé et l'avenir (s. Gilardin), im ewigen Fluss (des Werdens). Ἡ γνῶσις τοῦ ὁμοίου τῷ ὁμοίῳ (b. Empedokles) entspricht den Beziehungen zwischen Aromana und Ayatana (von der Sinnesempfindung an). Ἁρμονία δὲ πάντως ἐξ ἐναντίων γίνεται (s. Nicom.). Als mit Zutritt des Geistes (b. Anaxagoras) in der Weltordnung, (und πάντα χρήματα ὁμοῦ), die Schöpfungsbewegung beginnt, ordnen sich (als σπέρματα πάντων χρημάτων), zunächst die gleichartigen Theile (τὰ ὁμοιομερῆ oder τὰ ὁμοιομερῆ στοιχεῖα) im Zusammenfliessen, neben dem Gegenüber im Abscheiden des Ungleichartigen (τὰ ἀνομοιομερῆ), und so in primär schwankender Horde trennen sich die Geschlechter zunächst (in Differenz). „La matière ignée, en tant que la plus légère, s'élevait au-dessus des autres et atteignait les limites supérieures de l'univers" (s. Rinaz) in den στεφάναι (b. Stob.), der (farbenwechselnden) Weltreiche (b. Parmenides), ἐν δὲ μέσῳ τούτων δαίμων ἣ πάντα κυβερνᾷ (Eros gebärend). Γίνεσιν ἀνθρώπων ἐκ ἡλίου πρῶτον γίνεσθαι (zum Pacarina der Inca). Wie mit dem Brennstoff die Flamme, ist die göttliche Natur mit der menschlichen verbunden, deren Gedanken sich frei durch die Schöpfung ausbreiten (s. Greg. Nyss.), von Rehua's Sitz (bei den Maori). Nach Schöpfung der himmlischen Welt durch den ἀγέννητος θεός (μία ἀρχή) wurde das σὰρξ ἁμαρτίας durch den ἄγγελος πυρινός hervorgebracht (s. Apelles). Θεός (s. Theophilus) διὰ τὸ τὰ ἀεὶ κινεῖν τὰ πάντα (und διὰ τὸ θεῖν). Der θεὸς ἄγνωστος (b. Saturnin) lässt im Satan den Beherrscher der ὕλη bekämpfen, durch sieben Engel (ἄγγελοι κοσμοκράτορες).

lich übrigen Eindrücken auf der Netzhaut, eine selbstständig umschriebene That, zur Einfügung unbewussterweise in das Bewusstsein.

Und so im Fortgang des Denkens, bei weiterem Entfalten des waltenden Denkprocesses, ertheilt sich durch Concentriren der Aufmerksamkeit der Impuls für die Richtung, worin die Meditation hinlenkt, für Lösung vorliegender Probleme.

Die Mitwirkung eines Muskelgefasers, (wie schon beim Uebergang in das Ganglion ciliare der Iris) beginnt allmählig fortzufallen, immer aber bleibt das die Immanenz der Wirkung bedingende Nervenweben (oder Nervengewebe), im ferneren Denken, mit mechanischer Fortpflanzung der Licht- und Schallwellen „durch Seh- und Hörnerven in das Gehirn", bei Czolbe's „extensionalistischer" Psychologie (statt „punktualistischer").

Was hier nun einem ὀψιμαθής (gleich Antisthenes), in den (geistigen) Focus einzustellen wäre, sind die lautlich aufgenommenen Sprachschöpfungen, unter Generalisation idealistischer Begriffe (wie ergriffen), und gleich dem ocularen Anschluss an die geometrischen Grundzüge der Optik, geht es dabei in der Akustik rythmisch fort, dem (logischen) Rechnen (der Arithmetik) gemäss, vom Endlichen aus (bis auf höheren Calcul im Unendlichen).

Seitdem das kühne Wagniss philosophischer Dialektik, der Natur ihre Gesetze vorzuschreiben, sich nicht stichhaltig bewährt, und die Naturphilosophie die bescheidene Stellung eines lauschenden Zuhörers angenommen hat, lässt sich mit der Naturwissenschaft wieder auf die Erfindungskunst einer heuristischen Methode zurückgreifen, wie sie, (so lange im unbewussten Gefühl des richtig Guten dem geistig Gesunden sympathisch), bei Socrates' Unterrichtsweise, für solche Einschränkung, durchführbar gewesen war, im kombinatorischen Spiel einer Ars magna (b. Raymund Lullus) dagegen, in die Zahlenkabbalistik metaphysischer Speculationen verlief, während es für die Theorie der Induction — als dem Knotenpunkt, um Erfahrung und Speculation zu verbinden (s. Apelt) — zunächst eines minutiös sorgfältigsten Durchsichtens des Details bedarf, auf dem festgesicherten Material thatsächlich gebreiteter Basis beruhend, auch für die Psychologie, — als „psychische Anthropologie" zur Naturwissenschaft gerechnet (b. Fries), wenn durch die von der Ethnologie gewährten Hülfsmittel die Verwendungsweise comparativ-genetischer Methode einstens vorbereitet sein wird, um den naturwissenschaftlichen Aufbau zu krönen, (durch eine inductiv angestellte Psychologie).

Der „Hebammendienst" zur Entbindung der Gedanken*) (in der Kate-

---

*) Indem die ὀρθαὶ δόξαι (b. Plato) flüchtige Natur, ἕως ἂν τις αὐτὰς δήσῃ αἰτίας λογισμῷ ist damit gesagt, dass der λογισμός die Reproduction des apriorischen Wissens, die ἀνάμνησις vollendet (s. Guggenheim). Der Intellectus materialis (Akl hayyoulani) definirt sich „vera facultas intelligibilia comprehendendi, veraque potentia, qualis in pueris deprehenditur" (In Tarifât), Une humanité vivante et permanente, tel est le sens de la théorie averroïstique de l'unité de l'intellect (s. Renan). Der Satz der Identität und des Widerspruchs (unter den angeborenen Ideen) ist die Bethätigung elementarer Grundlinien im logischen Rechnen (psychischen Wachsthums).

ehetik) würde erfolgreich dann erst statthaben können, nachdem die von Pestalozzi (in Nachfolge Rousseau's) für den Unterricht verlangten Anschauungen beschafft sind, also (soweit es sich um ethische Fragen handelt) aus ethisch beschafftem Rohmaterial ein Ueberblick vorläge, der Völkergedanken zunächst (in statistischer Uebersicht ausgebreitet).

Dann erst werden in festen Principien reale Errungenschaften der Civilisation auch den in Barbarei der Uncultur verbliebenen Gliedern der Menschenfamilie mitgetheilt werden können, denn gegenwärtig, mit dem steten Wechsel der Systeme, besitzen die Fortschritte der Geschichte nur für ihren auf unsere Weltgeschichte bezüglichen Umkreis eine effectivere Bedeutung. Unter dem tieferen Einblick in das Wogen der Geistesschöpfungen, durch Auföffnung in die durch die Schrift erhaltenen Culturen der Vergangenheit, finden wir uns inmitten eines wunderbar prachtvollen Kunstbaues, in dessen labyrinthischen Gängen umherirrend, das Auge oft hier und da eine neue Eröffnung erblickt, die zur Lösung des Räthsels führen zu wollen scheint. Stets jedoch bleibt die Herkunft des Baues, der Sinn des Baumeisters, in seinen Ursprungsfragen verhüllt, und wenn wir fremden Völkern etwa von dem vielen Grossartigen, was sich uns zeigt, was wir gesehen und stets noch sehen, erzählen, mögen sie ihrerseits staunen, auch sich unterhalten fühlen, aber wenig befriedigt nur, wenn die höchsten und letzten Fragen des Daseins hervortreten, bei denen wir Alle miteinander, gleich dem rohgrob Wilden auch die feinst Beleckten, in Pyrrho's ἐποχή bei der ἀκαταληψά, vor dem Tabu-Wakan stehen zu bleiben pflegen, einem Unbegreiflichen, — bis eben etwa begreiflich gemacht, in objectiv naturwissenschaftlicher Durchforschung (der Psychologie).

Ob wir es freilich herrlich weit gebracht, in höchster Blüthezeit der Philosophie (beim Volk der Denker), scheint auf Widerspruch zu stossen (im Rivalitätenhader). „Non content de susciter des oppositions arbitraires, Hegel en est venu à confondre les oppositions avec les contradictions, et a placé le criterium de la verité dans l'affirmation des contradictoires, où la logique du genre humain a toujours mis l'infaillible criterium de l'erreur" (s. Nourisson), und wäre dann der Gegensatz durch Negation in sich wieder aufhebbar (nach kretischem Logschluss). „La métaphysique universelle du genre humain, et de tous les grands philosophes est renversée à l'égard de celle de Hegel" (s. Gratry), une attaque directe à la raison („un effort pour renverser les lois intellectuelles nécessaires, connus et pratiquées depuis le commencement du temps", durch Umgestaltung der Logik, in „verkehrter Stellung").

Unter siegreichem Fortschritt der inductiven Methode bis zur Physiologie, waren dort (nach psycho-physischem Vorstoss), dem Materialismus seine Grenzen des Natur-Erkennens gesteckt, denn wenn bei innerlich bewiesener Einheit von Geist und Körper, dem Metaphysischen nicht vertraut werden konnte, da „Anima non est homo" (s. Thom. Aq.), wenn nicht zu dem, aus chemischer Zersetzung vermoderten Körper, zu seiner Wiederauferstehung in (scholastischer) Verklärung zurückgekehrt werden sollte, so würde zu tröstendem Anhalt nur das spiritistische Seelgespenst übrigbleiben, wenn sich für die „Armen an Geist" (oder auch die „Ritter vom Geist") nicht, auf höherer Sphäre der Gesellschaftswesenheit, aus dem Gesellschaftsgedanken, (mit den Variationen des Völkergedankens), ihre Ideale sollten wiedergewinnen lassen, im logischen Rechnen (nach comparativ-genetischer Methode); und so wird es hier der Materialbeschaffung zunächst bedürfen (in ethnischen Thatsachen).

Aus Beobachtung der Phänomene in seelischen Vorgängen lassen sich (in der Experimental-Psychologie), unter fachmännischen Cautelen, (um pathologisch schädlichen Störungen vorzubeugen), mancherlei Belehrungen entnehmen (für die Psycho-Physik), aber die träumerisch nachdämmernden Erinnerungen, welche sich dem gläubig umschleierten Auge gespenstisch zusammenballen, (im theosophischen Spiritismus), werden erst im Willensschaffen, jedesmalig scharf gefasster Gedankenthat, zu denjenigen Manifestationen geklärt, woraus sich der Beruf der Seele erahnen lassen würde, für die Stellung des Menschen im Kosmos (den Gesetzlichkeiten seiner Harmonien entsprechend).

Erst nachdem im Gesellschaftsgedanken ein einheitliches Ganze zum zuverlässigen Ausgangspunkt für die logische Berechnung der im Theilganzen gültigen Verhältnisswerthe gewonnen ist, wird eine systematisch gesicherte Forschungsbahn geöffnet sein, zum Verständniss der in ernstlich fortdauernder Arbeit erkämpften Unabhängigkeit (des eigenen Selbst). Und dann würden sich Dogmen (wenn man will, im Soznagen) aufstellen lassen, wie sie in naturwissenschaftlicher Weltanschauung sich stichhaltig zu erweisen hätten für die Ethik (in der Praxis des täglichen Lebens), nachdem die naturwissenschaftlich (auf den Völkergedanken) begründete Psychologie ihre (theoretische) Umschau abgerundet hat, zur statistischen Bewältigung des zusammengeströmten Materiales (thatsächlicher Aussagen). Wenn der jung gepflanzte Stamm zu Früchten gereift, wird manch' ersehntes Erlösungswort seinen Ausspruch finden, wie bis dahin in der Mitarbeit bethätigt an den aus dem Culturleben der Menschheit emporsteigenden Idealen (ethisch befriedigender Güter). Für die Practiker in Socialpolitik hätten die über Ethik geschriebenen Bücher als überflüssig zu gelten, da in dem Leserkreis, soweit sie reichen, ihre Grundsätze bereits gelten, (unter der Darlegungsweise des Verfassers oder einer ähnlichen). Für das allgemeinere Bedürfniss ernöthigt sich eine den Ansprüchen intellectueller Fragen genügende Ergänzung des rechtlichen Codex, in kurzen Sätzen, wie meist religiös gefasst, oder (im naturwissenschaftlichen Zeitalter der Gegenwart) naturwissenschaftlich (bei dementsprechender Durcharbeitung der Psychologie).

Da das Vorhandensein des Apriori nicht geleugnet werden kann, stellt sich die Kernfrage, ob dasselbe „a posteriori beweisbar", und indem dies zu bejahen bleibt (so lange sich das Wissen nicht dem Glauben überlassen will), folgt die weitere Entscheidung über das Wie?

Hier kann die innere Erfahrung (b. Fries) nicht helfen, denn die in Sich eingeschlungene Subjectivität vermag aus der Verhüllung (gleich Brahma bei der Weltschöpfung) durch Entfaltung erst sich zu klären, und anch die Beobachtnng der Vorgänge an Andern, verbleibt in Vermuthungen, ohne zwingenden Cansalgrund.

Was hier vorliegt, sind die idealen Güter, welche in der Gesellschaftswesenheit bereits geschaffen waren, für das, im Zusammenhang des Ganzen umschlungene, Bewusstsein des Einzelnen, und jetzt diesem als Erkenntnisse a priori entgegentreten, welche sodann a posteriori zu erweisen wären, bei objectiver Umschau (nach comparativ-genetischer Methode) über die Thatsachen der Völkergedanken, die ihrerseits wieder sich naturwissenschaftlich bedingt ergeben, im causalen Zusammenhang mit den Agentien historisch-geographischer Provinzen) unter den Harmonien kosmischer Gesetzlichkeiten). Zwischen Physiologie und Psychologie „il reste un vaste espace sans maître, qu'aucune donnée scientifiqne n'a permis d'atteindre" (s. Gilardin) bis zum thatsächlichen Material in den Völkergedanken (für Verwendung comparativ-genetischer Methode), nm die Psycho-Physik des Individuums durch logisches Rechnen abzuschliessen in der Gesellschaftswesenheit (naturwissenschaftlicher Psychologie).

Innerhalb des irdisch umschränkten Körpers erfasst sich das Denken nach seinen Verhältnisswerthen nur, kraft logischen Rechnens (in Raum und Zeit). Wenn dann jedoch über das Sinnliche hinausschreitend, in die psychische Atmosphäre, wo die Gesellschaftswesenheit in sprachlicher Bewegung lebt, dann berühren sich die Gedankenreihen mit idealen Schöpfungen, in denen es aus ewigen Wahrheiten klingt, von jenseitiger Ursächlichkeit her (eines Ewig-Unendlichen). Und während hier nun transcendental, bei der Verlängerung des Endlichen zum Unendlichen, das Element des unendlich Kleinen, beim Uebergang aus dem Veränderlichen eines im Kreislauf des Entstehens und Vergehens geschlossenen Endlichen in das Unendliche, mit dem Werden zu verschwinden hat, erfasst sich sodann, im Moment der Wandlung, der reale Gewinn dauernder Neuschöpfnng, durch Einfügung des Bewusstseins in die Gesetzlichkeiten des All (kosmischer Harmonien).

Dort also gerade, wo für terrestrischen Gesichtskreis das Sein verschwindet in das Nichts eines Nicht-Seins (oder Ueber-Seins), öffnet sich dem den bisherigen Horizont durchdringenden Blick die eigentliche Welt unabsehbarer Anschau, wobei es zu blinken und zu strahlen beginnt in leuchtenden Gestirnen, wie optisch dem Auge niederblickend aus fern im Gedunkel erhelltem Firmament, die Erahnung weckend über die Quelle des Lichtes (hier und dort).

Und wie nun, von solaren Theorien abgesehen, das stellare System practische Anhalte gewährt, um dem im schwankenden Fahrzeug von Stürmen Umhergetriebenen Rettungshalte anzuzeigen, so, um auf unbekannten Meeren das Lebensschiff zu steuern, schimmern die Ideale hinein, des Guten und Schönen, für ethisch-moralische Gesetzlichkeiten, in den Völkergedanken. Indem sie überall, mehrweniger entsprechend, verwirklicht vorliegen, wird die Erforschung der Induction zur Verwendung zu bringen sein, mittelst comparativ-genetischer Methode, je nach den geographisch-siderisch umschlossenen Kreisungen, und die Differentialrechnung mag dann weiterführen, zum Integriren wieder (im eigenen Selbst).

Unter den Wechselbeziehungen zur Aussenwelt gestalten sich für das Denken die auf ewiger Sphäre (psychischer Atmosphäre) statthabenden naturgemäss am congenialsten, um intensiv durchschlagend den Eindruck der Realität gewinnen zu müssen, weil in denkender Auffassung nur existirend, während auf niederen Stufengraden dieselbe überall an die in der Materie bekundete Schranke des Geistes anstösst, an die Unbegreiflichkeit ihrer Realität (s. Lamennais), im Tahu-Wakan der Gottheit (b. Dakotah), und dagegen wieder das Culturvolk in seiner Cultur des Göttlichen Begreiflichkeit anstrebt, aus dem Gott der Geschichte, der durch seine socialen Institutionen dahinwandelt, diese Actualitäten in gesellschaftlichen Schöpfungen, aus jenseitigen Reflexen her, nach ewigen Gesetzen (moralischer Gewissheit im Gewissen). Hier allein kann Vollgewissheit sich setzbar erweisen, mit dem Stempel der Nothwendigkeit zugleich, weil im Denken erst die Existenz selbst bedingt liegt, während ihr im Sinnlichen noch ein Unbekanntes ankleben bleibt, aus unerforschlichem Abgrund des Bythos heraufgähnend (im Geheimniss der Materie). Hier liegt die abdunkelnde Grenze für den denkenden Geist, der sich auf höheren Regionen dagegen, im Lichte des Wissens klärt, in den Fortschritten gesicherter Forschung, unter Einführung inductiver Methode auch in der Psychologie, zum Einbegriff des relativ Uebernatürlichen gleichfalls in der Wissenschaft über die Natur bei der „Lehre vom Menschen" (ethnischer Gestaltung). Wenn aus seinem Leben und Weben in der Gesellschaftswesenheit, (aus den Thatsachen der Völkergedanken erbaut), das Denken in seinen psychologischen Operationen auf die Vorstadien unbewusster Mitthätigkeit im Individuum zurückkehrt, und hier aus dort gereiften Früchten die Wurzeln erkennt, deren Wurzelenden im dunkel verhüllten Ursprung hinabragen, hat sich der Zusammenhang im organischen Gauge auseinanderzulegen, beim psychischen Wachsthumsprocess (im logischen Rechnen). Die Controverse über die Realität würde somit in jenen Wortstreit (b. Berkeley) fallen, der unter den Täuschungen einer Maya schwankend, das Nichts des Nirwana (einer Negation der Negationen) in ein Pleroma zu wandeln hätte, bei der Erfüllung mit naturwissenschaftlichen Anschauungen fest und deutlich umschriebener Gebilde, bei den durch die Ethnologie gelieferten Hülfsmitteln, in Verkörperungen des Gesellschaftsgedankens, für den Charakter des Zoon politikon, um so (unter Integrirung der Differentiale) zum Verständniss zu führen (im eigenen Selbst).

Wenn dementsprechend im Absoluten für „intellectuelle Anschauung" (cf. Schelling) die Frage über eine „Essentia" in der Existenz gestellt wird, beim Sein der Substanz (cf. Spinoza), würde in den Gleichungsformeln eines Variationscalcul, was im Unbekannten verharrend bliebe, allmählig zu eliminiren sein, für harmonischen Ausgleich (im Dharma eines Kosmos).

Der in irdischer Beschränkung mit der materiellen Empfindung dem geistigen Gesichtskreis optisch gezogene Horizont würde aus seiner Umgrenzung in die Unendlichkeiten sich zu erweitern haben, soweit nun

eben der in Schärfung gewinnende Blick hinauszudringen vermöchte, von
seinem Standpunkt auf dem Planeten Tellus, und jedenfalls wäre unter
den auf diesem hervortretenden Productionen für die menschliche, die in
deren Bestimmung gestellte Aufgabe als lösbar (teleologisch) erwiesen,
weil in Durchforschung und Erfüllung ethischer und ethnischer Moral-
gebote fallend, wie sie unter den Differenzirungen geographisch-historischer
Provinzen in factisch constatirbaren Elementargedanken festzustellen sein
möchten, bei objectiver Umschau über das Erdenrund, auch für diesem
angehörige Subjectivität (eigenen Daseins).

Auf Kreuzzügen hatte der Antichrist (Bahomet's) bekämpft werden
sollen, und um den der Kirche in Averröeismus drohenden Gefahren
vorzubeugen, und unter Vermeidung zugleich des mit dämonisch ent-
fesselten Kräften geschwängerten Neuplatonismus byzantinischer Theosophie, eines gefährlicheren Mahomet's in Plethon (b. Trapezuntius) —
folgten sich die Consequenzen aphrosidianischer Alexandriniker in Ab-
flachung der Logik (b. Valla) bis zu einer „scientia sermocinalis", oder
(b. Ramus) „ars disserendi" (in Schönrederei ciceronianischer Rhetorik)
bei Semi-Ramisten zerbröckelnd, von der „Epitome naturalis scientiae"
(1618), und der durch Gassendi rehabilitirten Atomistik (Epikur's, aus
Demokrit's Schule), in Newton's Mechanismus (als in δινη die „tourbillons"
wirbelten).

Anderseits dagegen ernöthigte sich mit der den bisherigen Fussanftritt entziehenden Weltrevolution, — als das von Pythagoras, Aristarch
und Philolaos Gedachte, durch Kopernikus (s. Hobbes) zur Rückerinnerung
gebracht, die Forschungsbahn der Physik eröffnete (b. Galilei) —, der
Anhalt in der Psychologie, wie von Descartes in dem das Sein beweisenden
Denken gesucht, unter mathematischen Formeln, denen indess noch
Leibniz' Durchbildung für logisches Rechnen mangelte, so dass dieses, (als
allzu frühreif, unklar), der scharfen Scheidung Gassendi's bedurfte, der Abscheidung steten Rückblicks auf die erste Ursache in Gott, (indem jede
Action das Sein gleich überzeugend beweise, wie das Denken), um zunächst nur mit den (von Epikur) gesetzten Atomen zu operiren, und sie
als gegeben entgegenzunehmen im Vorhandensein, das sich, zur theologischen
Beruhigung, durch die Schöpfung rechtfertigen liess; wie, wenn die naturwissenschaftliche Durchbildungsmöglichkeit der Psychologie gekommen, in
den Gesetzlichkeiten (eines harmonischen Kosmos).

In den Vorstadien wissenschaftlicher Schulung war die in orthodox
starren Formen einer Theologie umschränkte Religion vorläufig ausserhalb
des Gesichtskreises zu lassen, denn ohne die von Lukrez gerühmte Kühn-
heit des von den Göttern einst Geschreckten, hatten die Greuel zu
schrecken (im mittelalterlichen Hexenwesen), „tantum religio potuit suadere
malorum", wenn (gleich dem Begu Nachalain der Batta) das hinkende
Ungethüm theologischer Empusa (b. Hobbes) Unfrieden anstiftete (in
dreissigjährigen Kriegen), und erst nachdem der Fortschritt naturwissenschaftlicher Methode (pedetentim) bis zur Psychologie gelangt ist, wird

die rationelle Wurzel zu Ende sein (für dauernde Sicherung idealer Güter in der Menschheitsgeschichte).

Da die Weisheit (b. Pythagoras) dem Gotte eignet (s. Heraklides Pt.), dem Menschen nur das Streben (b. Lessing), ist die Philosophie auf die ἐπιστήμη gerichtet (b. Plato), in Bearbeitung der Begriffe (b. Herbart), bis zur selbst sich begreifenden Vernunft (s. Hegel), um so dialektisch die Spaltung zwischen Göttlichem und Menschlichem wieder auszugleichen, in einheitlich, den (jonischen) Hylozoismus idealisirender, Weltanschauung, gegen welche der den Glauben zurückweisende Materialismus sich spröde zu erweisen hat, bis auch die Psychologie unter den Naturwissenschaften eingeführt sein wird, um auf die idealen Fragen (im κτῆσις ἐπιστήμης) die comparativ-genetische Methode gleichfalls zur Verwendung zu bringen (mit der Induction), nach der Religion der Stoiker, denen „philosophia studium virtutis est" (s. Seneca), in dreifacher Theologie (b. Scaevola), zur practischen Pflichterfüllung innerhalb des Gesellschaftskreises, unter ethischen Kernsprüchen „lacedaemonischer" Weise (s. Plato) für die Römer (als Geschichtsvolk), und dabei auf dem Individuum τὸν εὐδαίμονα βίον (s. Epikur) beschaffen mag, (bei Richtigkeit für logisches Rechnen), wenn das Forschen der ἱστορία (von εἰδέναι) sich objectiver Betrachtung des Geschehens (in der Geschichte) zuwendet (beim Ueberblick der Völkergedanken).

Zu den physikalischen Agentien der geographischen Provinzen treten zu den Bedingungen für die organische Wesenheit des Menschen die psychischen Reizwirkungen aus der gesellschaftlichen Atmosphäre (im Sprachaustausch).

Neben dem Bilde*) auf der Netzhaut (in den Strichen eines vierbeinigen oder langgestreckt gezeichneten Geschöpfes) tragen wir in den Vorstellungen die (unter Combinirung der Lautbilder aus Generalisationen gebildete) Idee des Hundes oder Baumes, als durchaus an sich fest umschrieben in realer Existenz, wie sie je nach Bedürfniss hervortreten oder hervorgerufen werden können.

Aus den, unter unklar wogenden Gefühlsempfindungen, traumhaften Gestaltungen, tritt während des Wachlebens stets die eindringlichst ineinander geschlossene Reihe, als klärend leitende, hervor, die in derartiger Tendenz sich im Willen einhalten lässt, und zwischen solche Kettenglieder mag auch der Hund oder Baum (aus dem Projectionsbilde des geistigen Auges) daruntergefügt sein (je nach dem Anlass dazu).

Im gesprächsweisen Meinungsaustausch können aus anderen Willensreihen —, aus den in anderer Persönlichkeit, dem behandelten Thema gemäss, auf gleiche Zweckrichtung hinzielenden —, Motive in die eigenen eingeschoben werden, welche diese, wenn überzeugend wirksam, dem-

---

*) Propter conatum versus externa semper videtur tamquam aliquid situm extra organum (s. Hobbes). Aus dem Κόσμος νοητός (die Ideen, als Objecte des Denkens, umfassend), folgt (b. Jamblichus) der Κόσμος νοερός (die intellectuelle Welt denkender Wesen). Das Denken bedarf der Vorstellungsbilder (φάντασμα), das in der Wahrnehmung wurzelt (s. Pomponatius), sinnlich und übersinnlich (für Anschauungen).

gemäss entsprechend in Einzelnheiten umgestalten, unter den Modificationen des Zusammenhanges, (oder dieses im Ganzen). Ausserdem mag aber durch momentan (mit unvorhersehender Plötzlichkeit) dominirenden Eindruck die Willensreihe in ihrer Gesammttendenz durch die des Anderen ersetzt werden, (kraft befehlenden Wortes oder schon aus Furcht, vor „bösem Blick"), besonders wenn durch absichtlich vorherige Unterdrückung (oder Abschwächung) auf solche Suggestion vorbereitet, und so mag, unbewusst gewissermassen, vielleicht auch das Bild des Hundes oder des Baumes vor dem Auge stehen, — (in Vollkraft des „Totem" oder „Nahual" in objectiver Heiligkeit, oder subjectiver Beeinflussung des „Edro") —, ohne rationell begründete Rechenschaft oder Rechtfertigung dafür (wenn es beim logischen Rechnen verblieben wäre). Aehnlicherweis kann in Auto-Suggestion durch eine unvermittelt andere die eigene Willensreihe ersetzt werden, wenn durch monoton rythmisch, (zur Ueberführung in antomatische Reflexäusserungen), fortgesetzte Hülfsmittel, für Förderung eines ekstatischen Zustandes (in Gesang, Tanz, Narkose und sonst in der Mantik geübten Kunstgriffen), innerhalb der bewusst festgehaltenen Willensreihe durchschüttelt und zerrüttet, um insofern eine „tabula rasa" („indifferenten Gleichgewichts") zu bieten, für Einpflanzung eines neuen (nicht graduell veränderten, sondern radikal anderen) Keims, aus tieferliegenden Ursächlichkeiten her, in unteren Schichtungen des Erinnerungsschatzes (bis auf physisch verhüllte Voranlagen), und so mag, im inspirirten Einfall der Begeisterung, der Mensch als Gott dem Gläubigen gegenüberstehen, mit prophetischer Stimme redend (als „Chao" oder sonstige Heroengestalt, wie in mythischer Verehrung der Gewohnheit vertraut). Auch aus der Passivität des Hörers mögen in der Gedankenfolge des Dämon dessen Aeusserungen hervorgelockt werden, (mittelst der durch die Exorcisation erzwungenen Antworten), und die Verbreitung psychischer Epidemien ist in den sympathischen Veranlagungen selbst gegeben (bis auf historische Ausfolgen).

So sind es die unter den (in ihren Effecten zusammenwirkenden) Causalitäten geographisch-historischer Umgebung gezeitigten Schöpfungen (des Völkergedankens), welche (aus gesellschaftlicher Atmosphäre) wieder einsteigen in den psychischen Wachsthumsprocess des Einzelnen, um hervorzureifen zu den Früchten idealer Güter in der Cultur, bei richtiger Leitung und Hütung (unter gesund normaler Entwicklung harmonischer Gesetzlichkeiten), aus religiös übersinalicher Bindung die Freiheit erkämpfend, selbstbewusster Forschung, — einer naturwissenschaftlichen also (zu einheitlich hergestellter Weltanschauung) im „naturwissenschaftlichen Zeitalter", um mit der Psychologie das Gebäude der Naturwissenschaften zu vollenden, kraft Verwendung comparativ-genetischer Methode (mit Hülfe des durch die Ethnologie beschafften Materials).

Der Ausgang der Forschung ist im Gegebenen zu nehmen, (im thatsächlich Vorhandenen), bereits eine Hypothese aus erster Setzung (οἶον λέγω τὸ εἶναι τι, ὑπόϑεσις). Die, wenn das Culturvolk (beim Aufgang seiner Geschichtssonne) zum Bewusstsein erwacht, an seinem Horizonte schwebenden Ideale (geistiger Güter), schliessen denjenigen Inhalt, aus und mit welchem sie in der Nacht der Vorzeit zu ihrer Reife herangewachsen sind, als erworbenen Besitz in sich ein, der also (als ein entfalteter und zusammengefalteter) dialektisch wieder auseinander gelegt werden kann (mit dem Syllogismus) in der Deduction (zur Analyse). Und danehen bietet sich nun die Methode der Induction, zum (synthetischen) Aufbau, χρὴ διελέσθαι πόσα τῶν λόγων εἴδη τῶν διαλεκτικῶν, ἔστι δὲ τὸ μέν ἐπαγωγή, τὸ δὲ συλλογισμός (s. Aristoteles). Hier nach (epagogischem) Zusammentragen des Materials, wie bei der Ahrundung des Globus im Entdeckungsalter geliefert (für die comparativ-genetische Methode), bringt Bacon die Induction zur Verwendung auf objectiver Naturbetrachtung. Soll indess sodann, über die materialistisch gesetzte Unterlage hinaus, transcendental fortgeschritten werden, soll die Dialektik zur Auswirkung kommen, ὁ τρόπος τῆς τοῦ διαλέγεσθαι δυνάμεως (b. Plato), so wird auch die Psychologie vorher in ihrer Behandlungsweise den übrigen Naturwissenschaften anzureihen sein, mit den (der Gesellschaftswesenheit des Menschen gemäss) in den Völkergedanken entgegentretenden Anschauungen, unter ursächlicher Verkettung mit den jedesmal historisch-geographischen Provinzen (und Lösung solcher Probleme durch logisches Rechnen). Cf. „Allerlei aus Volks- und Menschenkunde" II, S. 38 (u. a. a. O.).

Bei einer formalen Natur des Verstandes liegt seine Function im Ordnen des durch Erfahrung Gegebenen (b. Kant), bis, wenn auch psychisch objective Erfahrungen gesammelt sind, unter Zutritt der genetischen Methode zur comparativen, auf tiefere Ursächlichkeiten hindurchgedrungen werden wird, in neue Enthüllungen (aus naturwissenschaftlicher Behandlungsweise der Psychologie). In der übersinnlichen Welt, zu deren Contact die höhere Erfahrung (b. Jacobi) führt, beginnt dann, auf dem elementaren Niveau in der Religion der Vorstellungswelt, wie in den Gesellschaftsgedanken gebreitet, das Aufwachsen potentiell eingepflanzter Keime in freie Entwicklungsfähigkeit hinaus, mit jener Einleitung unendlichen Fortgangs, worin das sinnlich und als „post hoc" zu Verfolgende sich in „propter hoc" durchdringt, mit innerlicher Causalität, deren Ausgang und Ende im vorläufig Unbegreiflichen verborgen bleibt, wie auch bereits jedem Materiellen, das durch seinen „Schein" auf „Sein" deutet (s. Herbart), das dahinterstehende „Ding an sich", indem jedem Dinge das Göttliche (b. Bruno) einwohnt (aus Immanenz des Göttlichen im All). Im Abglanz aus dunklem Urgrund wurde, für practische Zwecke, Illatici Viracocha als Sonne, oder „padre del Sol" (s. Herrera), verehrt (bei den Inca), und der Ariya, der von täuschender Maya umgeben, sich deren Spiel anheimgegeben fühlt, erfasst seinen Anhalt im Dharma, das einwohnt (wie durch Bodhi zu erkennen).

Trotz dem, theoretisch der Skepsis (h. Hume), nicht versagbaren Zugeständnisse einer gewohnheitsmässigen Aneinanderreihung der Beobachtungen, ergiebt sich für die Praxis der directe Beweis für Gültigkeit der Gesetzlichkeiten, in gern anerkannter Brauchbarkeit bei Benutzung im Genuss der Geschenke, durch welche die naturwissenschaftlichen Entdeckungen das sociale Leben verschönern und bereichern. Welcher

Wissenszweig immer durch naturwissenschaftliche Methode hat bemeistert werden können, derselbige ist damit in die Hand des Menschen gelegt, um mit ihm zu verfahren, nach Wunsch und Wille, die Natur zu Diensten zu zwingen, in ihren chemischen Eigenschaften mittelst der Chemie, ihren physikalischen mittelst der Physik, und ihren biologischen, wenn die Biologie aus junger Dauer erst zu freier Vollreife sich vervollkommnet haben mag. Und wenn es dann auch in der Psychologie gelungen sein sollte, unveränderlich feste Gesetze herzustellen für den Elementargedanken (mit den geographisch-historischen Variationen der Völkergedanken), dann wird (unter Anwendung der Induction in comparativ-genetischer Methode) auch das gesellschaftliche Leben in seinen höheren Interessen beherrscht sein, um jenen Gefahren entgegenzutreten, wie sie „im materialistischen Streit unserer Tage" (1877) als „ein ernstes Zeichen der Zeit" (s. A. Lange) aus dem Materialismus hedrohen, — ein prächtiger, aber unbeholfener Torso, so lange ihm sein denkendes Haupt noch fehlt. Und mit solchem wird es gekrönt dastehen, wenn auch die Psychologie zu den Naturwissenschaften hinzugetreten ist (kraft des in der Ethnologie beschaffbaren Materials). Die nothwendig verbindende Gesetzlichkeit erfasst sich in der Constanz, die, wenn auch ausserhalb des sinnlich Fassbaren in den, bei der Vergleichung mit dem Anderen, dritten Punkt fallend, doch in solcher Constanz die Realität mathematisch beweist für logisches Rechnen (beim Fortgang von dem Endlichen zum Unendlichen). Obwohl die Erfahrungen am thatsächlich Fassbaren die unerlässlich erforderliche Vorbedingung bilden für sichere Erkenntniss, fällt nicht dahin die Realität, sondern in die Gesetzlichkeiten, wie durch vernunftmässiges Denken verstanden, und damit in das, solches Verständniss gewährende, Denken, aus eigenem Bewusstsein des Selbst, wenn zum Abgleich gelangend bei Beantwortung gestellter Fragen (unter den Harmonien des Kosmos).

„Die Falschheit des Materialismus muss sich insbesondere dort zeigen, wo seine Principien auf Psychologie und Logik angewendet und diese in seinem Sinne umgestaltet werden" (s. Glossner), weil es zu solchem Zweck einer vorherigen Materialanschaffung bedurfte (in den Völkergedanken), um die naturwissenschaftliche Methode zur Anwendung zu bringen, und so neben dem Materialismus auch den Idealismus einzuführen, als vollberechtigte Staatsbürger im naturwissenschaftlichen Zeitalter (einheitlicher Weltanschauung).

Mit dem (eleatischen) Sein, im ἓν καὶ πᾶν (b. Xenophanes), gewinnt das Denken seinen Anhalt, αὐτό νοεῖν ἐστίν τε καὶ εἶναι (s. Parmenides), und aus den Täuschungen des Seins (τὰ δοξαστά oder τὰ πρός δόξαν) erfüllt sich das Seiende als das (körperlich) Volle (τὸ πλέον), wie dem einheitlich das All durchschauenden Gedanken (in Bodhi) sich der Gegensatz zu Maya's Täuschungswelt in das eigentlich Reale wandelt, beim Nirvana, als Pleroma, wenn die metaphysisch leeren Speculationen ihre methodische Ausfüllung erhielten (durch naturwissenschaftlich begründete Psychologie).

Umfangen von dem Ganzen im Sehen, Denken, Hören (οὖλος ὁρᾷ, οὖλος δέ νοεῖ, οὖλος δέ τ' ἀκούει), ist einheitlich eines mit der Gottheit (εἷς Θεός), wer vernunftgemäss ihre Gedanken denkt, im gesetzlichen Einklang (des Dharma mit Mauas). Das mochte gehen, im gemeinsamen Mutterschooss allgemeiner Mischung (σύγκρισις), — auch für Uli (Po-uli) der Kanaka („Inselgruppen in Oceanien“ S. 225) —, bis es bei unsicherer Vernünftigkeit hänglich wurde, wenn ein „Nous“ (b. Anaxagoras) kommen sollte, über die Ordnung zu befragen (εἶτα δ' νοῖς ἐλθών αὐτὰ διεκόσμησε). Darüber gab es bald zu viele Interpreten nach religiösen Prädilectionen in der Theologie, und so lässt Lucrez seinen Schlachtruf erschallen, die arme Menschheit von der Furcht zu befreien, wie Epikur es gelehrt, wenn im Vollvertrauen auf gesetzlichen Verlauf, die Euthymie (b. Demokrit) ungestört bleibt, bis zur Ataraxie, und wiederum Selbstvernichtung vielleicht, im Auslauf der von (Schoppenhauer's) Willen geschaffenen Welt (in Willens- und Wunsches-Zauberkraft, soweit sie reicht).

Dabei mögen auch Götter (ἀλειτούργητοι) in die Welt der Leiden (schmerzlicher „Dukha“) niederblicken, in εἴδωλα (Demokrit's), aus „Metakosmien (b. Epikur), oder von Rupaterrassen herab, wo metaphysischer Feinschmeckerei die Fülle an Herrlichkeiten bescheert sein wird (und Wiederoffenbarungen nicht fehlen). Immer indess, wenn die Gottheit zu weit entfernt ist, um vom Gebete erreicht zu werden (gleich Njankupong oder Mawu, im schwarzen Guinea), wenn das irdische Leben also mit den Emanationen nur, in dienstbaren „Wong“ — gleich Henaden, als Θεοί (b. Proklus) oder (s. Philo) δυναμεῖς (λόγοι) — zu thun hätte, dann, statt den Dienern, der Götter-Diener wieder, in dienstbare Hände zu fallen, bleibt es rathsamer, die Naturkräfte zu bemeistern, und daneben zugleich der für Eroberungen geläufige Satz vom „divide et impera“, so dass sich atomistische Vertheilung zu empfehlen hat (für naturwissenschaftliche Forschungsmethode).

Die Angst vor den Göttern hatte um so mehr zu bedrängen, je mehr unter einer von krystallener (oder christlicher) Glasglocke, im (patristischen) Dom (s. Draper), überstülpten Welt Alles auf engstem Raum zusammengepfercht war, und also Nichts verborgen bleiben konnte, vor dem Schwarzmann, der bei den Pescherähs umgeht (in schmaler Felsschlucht).

Wer anderseits dem freien Gedankenflug folgte, fand von grausigem Staunen sich gepackt, wenn zu schwindelnder Höhe emporgerissen, dort auf leere Weite blickend, unmessbarer Dehnung, und so im verzweiflungsvollen Nichtigkeitsgefühl war der einheitliche Faden bald zerrissen, so dass es dualistisch klaffte, in Körper und Geist, wobei dieser, von jenseits, aus einer Hinterthür (Θύραθεν), hinzugekommen, übermächtig hereinragte, bis zum stumpfsinnigen Erdrücken, in willenloser Hingabe an den Glauben (und was durch ihn in Gnade der Offenbarungen gespendet sein mochte).

Hier blieb keine andere Rettung, als die handgreifliche Scheidung, zwischen dem, was im Begriff gegriffen werden konnte (dem στερεόν oder ναστόν), und dem Μή ὄν (κενόν oder μανόν), als Nichtiges, das jetzt keine Sorgen länger zu machen brauchte, weil eben aus der Welt geschafft, (radical fort).

Zu anderem Aussehen gestalten sich diese Aspecten, wenn die Welt selbst, — die Welt, in der wir leben, — eine unendliche geworden ist, indem dem Geistigen sodann die Empfindung einheitlicher Zugehörigkeit kommen muss, im Unendlichkeitszuge der Gedanken.

Innerhalb eines vom Firmament umschlossenen Weltsystems war die Schöpfung nur insofern selbstgegeben, als sie sich erzwungenerweise in einer oder anderer Art mit den Grenzen abzufinden hatte, worauf sie stiess (nach Oben und nach Unten).

Die Lösungsweisen lagen in ihrer beschränkten Auswahl vor, je nachdem die Erde einen mehr weniger bequemen Stützpunkt zu erhalten vermochte, oder der Himmelsherr seine entsprechend ausgestattete Behausung. Dann konnte es mit dem Schaffen vorwärts gehen, und kam ein „ex nihilo“ in die Quere, blieb Fredegisus Interpretation („de nihilo et tenebris“).

Im Anfang und Ende von Mahadeva's Schöpfungssäule, forschte Vishnu abwärts, Brahma aufwärts, der letztere mit Erahnungen und Antworten, deren Anmassung sein Gegner brutal bestritt (in Kopfverkürzung). Wie das ἐν, weil die Höhe nicht erreicht werden kann, Negation ist, so die ὕλη, in unerfassbarer Tiefe (b. Platon), das βάθος (bis zum Bythos).

War Anfang und Ende sichtlich gegeben, mit dem seit Uranos oder Gäa (oder Rangi und Papa) gealterten Elternpaar, mochte es als Vorzug erscheinen, statt jüngere Göttererben zur Herrschaft einzusetzen, das Gesammtgeschäft kalt-nüchternen Atomen zu übertragen, von denen, wenn nichts zu hoffen, doch eben auch nichts zu fürchten war.

Anders freilich in einer dynamisch durchdrungenen Welt, wo es mit Ewigkeiten wallt, bei Unendlichem ringsum.

Hier bleibt der Atomistik ihre absolute Bedeutung von vornherein negirt, wogegen ihre relative, für die Methode, desto durchgreifend bedeutungsvoller hervortritt, weil eben fest gesicherte Anhalte gewährend, für jenes logische Rechnen, das sich einstens bis zu ein Infinitesimalcalcul wird zu versteigen haben mögen, und also gut thut, zeitig sich vorzusehen, um schwindelfrei zu bleiben (bei künftiger Durchbildung der Psychologie als Naturwissenschaft).

Der Begriff des Wirkens liegt für den Menschen im Werkzeug, und hat für ihn, ein insofern immanenter, zu gelten, als durch solche „Organprojection“ (s. Kapp) erst die Naturheit (Wesenheit) gewonnen wird, für die Menschenwesenheit innerhalb der durch das Band der Sprache geschlossenen Gesellschaft, in welcher ausserdem mit dem selbstgemachten Werkzeug erst, das Recht des Sonder-Eigenthums (aus dem Allgemeinbesitz der Horde), zur Anerkennung gelangt (cf. „Allg. Grundzüge der Ethnologie“, S. 33).

Wie die Sprache ist deshalb das Werkzeug unter den Vorbedingungen der Existenz aufzufassen, und mit der einfach primärsten Wirkungsweise desselben, dem Bohren, in der Drehbewegung, ist die Feuerzeugung einbegriffen (für Agni's vedische Zeugung), während der Drang zur Verkörperung sprachlich angeregter Gedankengebilde, — in der σοφίη (s. Homer), als Kunst des (priesterlichen) Zimmermanns (auf Tonga), — sodann mit dem Schnitzen seine Befriedigung findet; (weshalb in den Anleitungen für die Sammlungen der Museen, auf alle Art von Schnitzereien vornehmlich hingewiesen ist, nebst den dazu verwandten Instrumenten, unter Aufmerksamkeit auf die Verlaufsstufen der Herstellungsweise). In Ausverfolgung des Maschinenwesens ist die Forschung genöthigt (s. Reuleaux), „in die dunkeln Fernen der Entwicklungsgeschichte der Menschheit hinaufzusteigen, um die ersten Keime, die ersten Wurzelfäden der Begriffe aufzufinden, welche im Laufe ungezählter Jahrhunderte sich langsam fortgebildet haben, bis in entwickelte Civilisationen hinan, durch hohe Culturen und zwischen untergehende hindurch, um dann endlich bei den Abendländern in den letzten zwei Jahrhunderten ihren bis heute im Steigen gebliebenen Anschwung zu empfangen" (1875).

Als treibender Bewegungsgrund bei seinem Entstehen in der schöpferischen Denkthätigkeit des Menschen wirkend, unterliegt das Werkzeug für seine Verwirklichung den Bedingungen der geographischen Provinz, nach seinem Material (das Holz-, Stein-, Muschel-, Knochen-Alter u. s. w. anzeichnend) sowohl, wie betreffs der Bestimmung (in der Jagd, — je nach den Thieren derselben —, dem Fischfang, Ackerbau u. s. w.), und im Total des Effects aus den Ursächlichkeiten ergiebt sich der Gesammterfolg, um dem Zweck zu entsprechen (mit Hinrichtung auf das Ziel).

Die Frage nach dem ὅθεν ἡ κίνησις (b. Aristoteles) beantwortet sich aus dem, — späterhin zum „Appetitus intellectivus" (b. Thom. Aq.) wählerisch verfeinerten —, Hunger, indem der nackt und hülflos auf die Erde gesetzte Mensch (s. Plinius) zu verhungern hätte ohne Werkzeug, da die „arma antiqua" (b. Lucrez) nicht weit reichen.

Wenn hier nun, unter erstem Abgleich mit den im anthropologischen Kreis vorliegenden Naturverhältnissen (in Unschädlichkeitmachung der gegensätzlichen Reize), der Zeitpunkt freier Musse eintritt, wirkt die im Denken bereits angeregte Bewegung weiter hinaus, zur Verschönerung des Instruments, (ebenfalls wieder unter Abhängigkeit in dem zur Verarbeitung gelieferten Material); und so bilden die, (zugleich als wichtigste Objecte der Beobachtung dem ethnologischen Sammler zur Aufgabe gestellten), Ornamente, in ihren primitiven Formfassungen, (und artistischem Anschluss, wie in peruanischen Geweben z. B.), die Unterlage zum Ausgang für ideale Gestaltungen der Kunst, des σοφός (h. Herodot), oder dann, unter erdrückender Grösse des Problems, dem (bescheideneren) φιλόσοφος (in Phlius), auf das Schöne hin, gemeinsam mit dem moralisch empfundenen Guten (für das sociale Leben). Hier sind bei den Naturstämmen die ἀναγράφα δόγματα (wilder „Theologen" neben ἀρχαῖοι ποιηταί), symbolisch zu entziffern (aus Vorstufen der Schrift in den Sammlungen).

Wenn klar und offen der Blick durch seinen Gesichtsbezirk hinausschaut, wenn gesund normal im Sinnlichen auf innerliche Veranlagungen die Aussen-Empfindungen wiederklingen (den Ayatana die Aromana entsprechen, in richtiger Correspondenz), dann erfreut das in Natur und ihren Gegenständen gesetzlich Ausgedrückte, um bei den edler vollendeten Gestaltungen des Schönen in Bewunderung und Andacht zu beugen.

Und wenn der geistige Blick zu seiner höheren Auffassung gelangt, — in den gebietend rückwirkenden Moral - Ideen des Guten, des Gerechten und Richtigen (gesellschaftlicher Bildung), — dann entbrennt die Liebe zu dem göttlichen Urheber in mystischer Versenkung der mit sich selber redenden Individualität, während hier, bei lebendigem Zusammenhang mit der gesellschaftlichen Existenz, aus ihren Schöpfungen sympathisch es sich mit der „Benevolentia generalis" durchdrungen fühlt, im warmen Mitgefühl, das zu activer Mitbethätigung drängt, den Leiden abzuhelfen, für harmonisch allgemeinen Einklang (zusammenklingend dem Selbst), und so — statt im Nichts des Absoluten platonische Schatten einer Nephele zu umarmen in Ixion's Wolkengebilde (s. Hamilton), in hart marmorner Statue (worauf Condillac seine roseduftenden Experimente verschwendete) —, so lieber, vielmehr, bei der Umarmung (s. Ovid) mit Leben zu durchdringen, (wenn mit „glühendem Verlangen Pygmalion den Stein umfasst"), um den Materialismus zugleich in Idealismus zu wandeln (kraft naturwissenschaftlicher Psychologie).

Dann mögen die „virtutes intellectuales infusae" (b. Thom. Aq.) oder „les vertus intellectuelles inspirées" (s. Gratry) in Frömmigkeit zur Verehrung stimmen, bis zum Gehorchen auf den kategorischen Imperativ des Pflichtgebotes (b. Kant), um in activer Bethätigung dem genug zu thun, was, im Pathos unseres Dichter - Heros, sehnsuchtsvoll ergreift, die einwohnende Bestimmung zu erfüllen auf irdisch planetarem Bezirk (unter harmonischen Gesetzlichkeiten eines Kosmos).

Hier nun sprechen für den Menschen aus seiner Gottheit, — wenn beim Schauen dieselbe umkreist (b. Platon) im göttlichen Reigen (χορός ἔνθεος), — die Offenbarungen der Religion, wobei die Namensbezeichnung von geschichtlichen Verhältnissen abhängig bleiben mag, oder wandelnd in der Welt der Vorstellungen, je nach den auf früheren Stadien mythologisch dort verkörperten Gestaltungen des gesellschaftlichen Denkens, (um so geschichtlich congruenten Cult mit den Staatseinrichtungen zu verknüpfen, und der Cultur-Entwicklung ihren organischen Zusammenhang ungestört zu bewahren).

Die Weisheit ist den Todten, nicht den Lebenden gegeben (in Plato's Phaedon), aber die der Weisheit Lebenden (als Philosophen) bethätigen sie im Leben durch active Mitarbeit[*]) (in der ἰδιοπραγία der Gesell-

---

[*]) L'esprit grandit, quand il fait chaud dans l'âme (s. Gratry). Die ratio perveniens ad finem suum (b. Aug.) fühlt den appetitum innatum ad visionem intuitivam (s. Thom. Aq.) aus den Idealen der Gesellschaftswesenheit practisch bethätigt (im Ausverfolg). Magna, immo maxima pars sapientiae est quaedam aequo animo nescire velle (mit naturwissenschaftlichem Verständniss des Warum, Worin und Wieweit, unter verbleibender Möglichkeit der Erweiterung, sobald ein gesicherter Weg gefunden).

schaftsklassen), im Zusammenwirken an der Ethik nationaler Aufgaben (unter eigener Integrirung des Selbst aus der ihn einbegreifenden Gesellschaftswesenheit).

Ausser im Denkenden beruht das Esse in Percipi (b. Berkeley), aber πάντες ἄνθρωποι τοῦ εἰδέναι ὀρέγονται (h. Aristoteles), ihrer Bestimmung entgegenreifend (unter Verlängerung der Gedankenreihen). Das äussere Object definirt sich in der Auffassung (s. Melanchthon), aber nur durch Erfahrung erweist sich der Causalnexus (s. Hume), also soweit nur, wie die Natur im tellurischen Bereich, den Experimenten (h. Bacon) zugänglich (in naturwissenschaftlicher Forschung); διὰ πάντων ἐστιν ἡ δύναμις τοῦ θεοῦ (s. Aristobulus). Im Fortgang der Generalisationen hängt die richtige Deckung der Vorstellung von der Richtigkeit der Rechnungsoperationen ab, und jenseits des νοῦς und νοητόν steht das ὑπερβεβηκός τήν νοῦ φύσιν (s. Plotin), hinausragend in Unübersehbarkeit des All, um einem höheren Calcul angenähert zu werden, und im trügerischen Scheinbild des κόσμος νοητός das Gesetzliche (aus Maya des Dharma) ahnungsvoll verstehen, das Nicht-Offene (Am-un oder Amun) anfzuschliessen hoffend (aus kosmischen Harmonien).

„Wir können von Nichts in der Welt Etwas eigentlich erkennen, als uns selbst, und die Veränderungen, die in uns vorgehen" (s. Lichtenberg), da die Gegenstände sich nach den Begriffen richten (s. Kant), neben den „Dingen" (in der „Welt der Vorstellungen"), wobei der Mensch, als „Mass der Dinge" (h. Protagoras), aus dem Centrum verrückt worden ist (seit astronomischer Revolution). Le tout universel est un être qui existe, c'est là le fond, dont tous les êtres sensibles sont des nuances (s. Deschamps). Sumus igitur modi mentis, si auferas modum, emanet ipse deus (s. Geulinx). Ausser uns giebt es Nichts, was dem vermeintlich Gesehenen entspricht, da den Hinweisungen auf bewusste Intelligenz das beziehungsmässige Verhalten fehlt (s. d'Alembert), bis auf höheren Calcul (im logischen Rechnen).

Aus psycho-physischen Correlationen zwischen Seh- und Hörbildern steckt im lautlichen Wort, aus onomapoetischer Ingredienz, jenes Wesen der Dinge, wodurch der Protest gegen Uebereinkunftswahl veranlasst wurde (bei Sokrates). Auch wenn die Sprache sinnlich abgelöste Verallgemeinerungen durch artikulirten Ausdruck zu decken sucht, schaffen darin unbewusst willkührlose Beziehungsverhältnisse, welche auf jedesmalige Stimmung zu treffen suchen, aber bei dem Schwankenden derselben, weil von dem Stufengrad der Kenntniss abhängig, und mit demselben wandelnd geändert, der Kraft durchgängiger Befriedigung zu ermangeln beginnen, bis rein nominalistisch verhallend (in „flatus vocis"), so dass das Sprachgerüst dann nur als Mittel zu dienen vermag, wenn „baumeisterlich" (s. Göthe) der Philosoph sein System emporzurichten unternimmt (zur Verkörperung der innerlich treibenden Ideenregungen des Denkens), damit ὁ ἴσω λόγος (h. Aristoteles) zur Gestaltung kommt (ὁ ἐν τῇ ψυχῇ), für die Beweisführung (ἀπόδειξις), und so bedarf es einer Psychologie zunächst (sowie der Methode*) ihrer naturwissenschaftlichen Behandlungsweise).

Die Individuen vergehen, die Arten dauern (b. Aristoteles), und (da mit ihnen also auch dasjenige Element, das aus dem Individuellen darinnensteckt) demgemäss das Bewusstsein gleichfalls, für die entsprechenden Organisationen, in denen es sich geklärt hat (zu eigenem Verständniss). „Unumquodque individuum ex materia et forma compositum est" (s. Abälard), indem die Materia (des Genus) von der Forma (der „substantialis differentia") angenommen wird (scholastisch), zur Differenzberechnung (der Wesenheit).

„Pour Averroës le principe d'individuation est la forme, pour St. Thomas c'est la matière" (s. Renan), hier für die „Species sensibilis", neben welcher die „Species intelligibilis" (in übersinnlicher Form) zum Begreifen führt (b. Ibn Sina), und während nun die Realität jener auch dieser zukommt, in dem Object, bleibt solches zugleich der Vergänglichkeit überhoben, wobei es im anderen Falle nur vorübergehend erscheint, nach dem Bestande einer Stetigkeit des Gesetzlichen, das zu Grunde liegt, im Irdischen hier, im Jenseitigen dort: das εἶδος in der Idee (eines Idealen). „Le génie est la nature même, poursuivant son oeuvre dans l'esprit humain" (s. Séailles), in schöpferischen Thaten des Denkens (unter der Harmonie kosmischer Gesetze).

Als Abglanz göttlicher Herrlichkeit (ἀπαύγασμα καὶ χαρακτὴρ τῆς ὑποστάσεως) ist, in Schöpfung der αἰῶνες, (cf. Barnabas' Brief an die Hebräer), der ewige Hohepriester (nach Art Melchisedek's) im Logos (für das Evangelium Johannis) Fleisch geworden (ὁ λόγος σὰρξ ἐγένετο), damit aus seiner Fülle (ἐκ τοῦ πληρώματος αὐτοῦ) Gnade geschöpft werde (in Offenbarung seit der Weltschöpfung), während unter dem Vorübergang der Tathagata, in Zeiterfüllung gegenwärtiger Weltperiode, der von den Meditationshimmeln (im Wandel der Existenzen) nach Tuschita herabgekommene Sakyamuni, von dortaus in Maya's jungfräulichem Leib wiedergeboren wird, um zur Durchschau (des Dharma) zu erwachen (als Buddha), und das Gesetz (im Walten der Karma) zu verkünden (für psychologischen Ausgleich im Nirwana). Der Schmerz (Dukha) sollte geheilt werden durch das Evangelium, welches, ein σκάνδαλον den Hebräern (oder Juden), eine μωρία den Hellenen — den Armen und

---

*) Wollen ist Ursein (s. Schelling), aber „Vouloir et savoir, c'est pouvoir; vouloir ne suffit pas" (s. Gratry), und so bedarf es der Sachkunde, um Pfuschereien zu mindern, (und deren Folgen in der Colonialpolitik), zum Studium angesammelten Materials (in der Ethnologie). Alogisch, wie das „Dass" der Welt, wird der Wille (b. E. v. Hartmann) antilogisch, indem „ziellos aus der Ruhe der Potentialität herausgedrängt" (s. Ueberweg), und so seine Selbstvernichtung decretirend (verdienstlicher, oder verdienter, Weise). Ob optimistisch oder pessimistisch bliebe dabei mystischem Mist überlassen, je nach der Brechung aus subjectivem Linslein im Hirn des kritisch, gleich dem Recensenten (im Dichterlied), „tapferen Ritters" unter „Don Quixote's Wappnung" (im gewaltigen Walten der Welt). Wenn die Geister erwachen (wie zu Hutten's Zeit), durchströmt es mit der Lust des Lebens Denjenigen, der offenen Ohres Ihnen lauscht, dem Rufzeichen seiner Zeit, die ihn geboren hat, für die Aufgaben thatkräftiger Arbeit (im Wirken und Schaffen).

Schwachen — gepredigt wird (b. Paulus), im Glauben durch die Liebe
bethätigt (πίστις δι ἀγάπης ἐνεργουμένη), wobei die Gerechtsprechung der
Gläubigen sich als ein „synthetisches Urtheil" ergiebt, oder als ein
„analytisches Urtheil" (s. Ueberweg), „unter mannigfachen theologischen
und philosophischen Erörterungen" (1886). Nach Clemens Rom., der in
Caesarea durch Petrus unterrichtet, von ihm als Nachfolger auf dem
Bischofsstuhl eingesetzt wurde (s. Tertullian), ergiebt sich das symbolische
Verständniss alttestamentlicher Ordnung als γνῶσις (wie im Coriuther-Brief),
während in den Recognitionen (b. Clem. Al.) der Magier Simon bekämpft
wird (als Repräsentant der Gnosis). Hermae Pastor (s. Gaab) belehrt
als Schutzgeist (über die überverdienstliche Gnade), in der καθολικῇ
ἐκκλησία (b. Ignat.). Im τετραδισμός lehrt Damianus Al. für die Gottheit
eine von den Hypostasen unterschiedene Substanz, als ὕπαρξις (s. Oischinger).
„Sicut eadem oratio est propositio, assumptio et conclusio, ita eadem essentia
est pater filius et spiritus sanctus" (s. Otto von Freysing), in (Abülard's)
Trinität des Monarchismus (mit drei Personen, auf drei Attribute Gottes
reducirt).

Wie „Sige" als „Mutubei" (im Polynesischen) mag der Ἄῤῤητος, mit dem
sich diese (weibliche) Energie für die Valentinianer) verbindet, als Taaraо
(oder Tangaloa, dialektisch) bezeichnet werden, bei Namensgebung des θεός
ἄγνωστος (s. Saturnin), oder ἀνωνόμαστος (Justin's), und dem Bythos entspricht, (sprachdeutlich schon), Kumulipo (auf Hawaii). Nicht aus eigener
Natur unsterblich, ist die Seele nur an dem von Gott verliehenen Leben
betheiligt, so dass ihre Fortdauer von Gottes Willen abhängt (s. Irenäus),
oder der Auffassung unendlich ewiger Ideen (psychologisch). Seligkeit
ist Ruhen und Beharren in dem Einen (s. Fichte), in Nirwana, naturwissenschaftlicher Erfüllung (aus psychologischer Induction).

Ohne Vorbilder (Plato's) hat Gott die Welt*) geschaffen (s. Irenäus),
da die Vorbilder wieder Vorbilder voraussetzen würden (mit dem Regress
ad infinitum). Ocellus aeternum facit mundum (s. Stobäus). Es scheint
fast Geschmackssache, ob man das Masculinum „Gott", das Femininum

---

*) Die Welt ist durch Gott aus ἄμορφος ὕλη gebildet (b. Justin), τὰ πάντα ὁ
θεὸς ἐποίησεν ἐξ οὐκ ὄντων εἰς τὸ εἶναι (s. Theophilus). Als „Homunculus" (in Aegypten)
wuchs aus der Mutterlauge das Menschlein (ἀνθρωπάριον) hervor (s. Zosimos). Dass
der an das Kreuzholz Genagelte, welcher ihm selber seinen Geist befohlen hat, der
Gestorbene und Nicht-Gestorbene, der Gott und Vater des Alles sei, lehrte Kleomeнes
und sein Anhang (b. Hippolyt). Bei der Taufe erhielt Christus die δυνάμεις, lehrte
Theodotus (im ἀπόσπασμα der Aloger). Der als Bischof der Gemeinde (mit Monats-
gehalt) angestellte Confessor Natalius wurde allnächtlich von heiligen Engeln ge-
geisselt, bis er in den Schooss der Kirche zurückkehrte (zur Zeit Zephyrinus).
Aequus in una persona utrumque distinguunt, patrem et filium, dicentes filium carnem
esse, id est hominem, id est Jesum, patrem autem spiritum, id est Deum, id est
Christum (die Monarchianer). Als Vorläufer Cerinth's, (der den jüdischen Weltschöpfer vom christlichen Gott trennt), liessen die Nicolaiten (s. Irenäus) das Gesetz
durch den Glauben aufheben (in der Apokalypse bekämpft). Jesus (zur Zeit des
Tiberius) wurde zur Bekämpfung des Κοσμοκράτωρ gesandt (s. Marcion), durch
ἄγγελοι κοσμοκράτορες (b. Saturnin) im gnostischen Agnosticismus (des θεός ἄγνωστος).

„Natur", oder das Neutrum „All" verehrt (s. *Lange*). Τὸ δέ γέ ὅλον καὶ τὸ πᾶν ὀνομάζω τὸν σύμπαντα κόσμον (s. Ocellus). „Non est peccatum nisi contra conscientiam" (s. Abälard), denn da die Musterbilder in einer „mente divina" ruhen, müssen sie gekannt sein, damit die „scientia" eine concordirende wird (zum harmonischen Abgleich). Per hoc ergo quod dicitur „ipsae tenebrae quantae erant", qantitas in subjecto monstrator; unde probabile colligitur tenebras non solum · esse, sed etiam corporales esse (s. Fredegisus). „Causa efficiens, formalis, finalis deus est tricausalis" (b. Cusanus), im unendlichen Universum (b. Bruno), für die Ewigkeit (des Seienden).

Was, wie in der Erinnerung merklich, aus Spuren inneren Zusammenhanges verbleibt, beim temporären Beieinanderwohnen des Psychischen mit dem Physischen, hätte in diesem, bei der Zeugung, die Uebertragung einer materiellen Fortdauer (durch Traducianismus) zu erhalten, in der Vererbung einer atavistischen Stammesseele (gleich „Bla" in Guinea), während (b. Averröes) die geistige Fortdauer (in dem Collectiv-Individuum des Intellectus) dem „Individualgeist" (Robiner's) entgeht, im unbewussten Umfassen (des Unbewussten).

Indem nun aber die gesellschaftliche Universalität sich, unter gesetzlichen Gliederungen auf der Erdoberfläche, in die Vielfachheit der ethnischen zerbricht, erleichtert sich aus dem Nationalgefühl (des Zoon politikou) die Integrirung des Selbst (im selbstständigen Bestehen eigener Existenz), wie es, mit dem in ein Jenseits hinüberreichenden Denkprocess, auch dort hinausgetragen wird (im Infinitesimalcalcul logischen Rechnens).

Im letzten Augenblick vom Ertrinken Gerettete beschreiben (nach mitgetheilten Beispielen[*]) bekanntermassen) den Zustand als eine sinnlich-seelische (mystisch-geistiger gleiche) Verzückung, in rapidester Ideenflucht, worin die gesammte Vergangenheit persönlicher Erlebnisse momentan dem Blick eilendst vorüberstürzt, den Wollustgefühlen des Coitus (aus einem „Intellectus immissus" gleichsam) entsprechend, und bei Erhäugten kommt manchmal die Fundaufnahme einer „erectio penis" zur Erwähnung (betreffenden Orts).

Im Averröismus des aristotelischen Commentator κατ' ἐξοχήν musste anch die Lehre vom „Zoon politikon" zur Geltung gelangen, welche in

---

[*]) Die darüber in der Litteratur vorhandenen Fälle erhielten, während eines Aufenthaltes in Leipzig (1859), eine fernere Bestätigung aus dem Munde eines dortigen Buchhändlers, der sein Geschäft in geistiger Gesundheit fortführte, aber verschiedene Male zu zeitweiliger Isolirung in ein „Maison de santé" sich genöthigt sah, aus psychischer Erregung; mit oder ohne Beziehung zu jener Ertrinkungsnoth, (welcher Unfall ihn bei einem im Rhein genommenen Bade betroffen hatte, verschiedene Jahre vorher). Die Asphyxie durch Ertrinken fällt in das medicinische Kapitel vom „Scheintod" (Apnoia), der sich „nur durch das Fehlen von Fäulniss und der Möglichkeit wiedererwachenden Lebens vom wirklichen Tode unterscheidet" (s. Canstatt), als „Mors apparens" (putativa). Die faradische Contractilität, sowie die dem Zuckungsgesetze gehorchende galvanische Reaction sinken in centrifugaler Richtung, die Erregbarkeit der Nerven schwindet ungleich früher, als die der Muskeln (s. Rosenthal), zur Diagnose des Scheintodes (1870).

ihrem theologischen Widerstreit gegen körperliche Auferstehung in der occidentalischen Philosophie, fernerhin in Verstofs gerieth, bis sie mit der inductiv erfüllten „Lehre vom Menschen" im „naturwissenschaftlichen Zeitalter" der Gegenwart, einen naturgemässeren Abschluss zu erlangen hätte, bei inductiver Durchbildung der Psychologie, mittelst des aus den geographisch-historischen Provinzen gelieferten Materials (der Völkergedanken).

Neben dem mit der „virtus imaginativa" identificirten „Intellectus materialis" führt in dem mit den Thieren getheilten Instinkt die fortschreitende Befreiung von Materialität und Potentialität (s. Ueberweg) zum „Intellectus acquisitus" (b. Ibn Badscha), als Emanation des activen Intellectus (in der Gottheit), und hier liegt dann dem „Einsamen" (oder Einzelnen) seine Entwicklung ob, in „Verselbstständigung des Menschen gegenüber den Institutionen und Meinungen der menschlichen Gesellschaft" (b. Ibn Tophail), wie es sich fernerhin auseinanderlegte bei der auf Averröes übertragenen Analyse der aristotelischen Werke (unter dem Chalifen Abu Jacub Jusuf). „Aristotelis doctrina est summa veritas, quoniam ejus intellectus fuit finis humani intellectus" (Aristoteles est regula et exemplum). Im „Alten zu Königsberg" war ein zweiter Messias erschienen (für Baggesen) und der Magus des Nordens sucht die „Pudenda" des Glaubens (in Mysterien).

Wie die Sonne durch ihr Licht das Erkennen, so bewirkt die thätige Vernunft das Erkennen (b. Ibn Roschd), als Aromana der Manas (im Abidharma), aus Gesetzlichkeiten des Dharma, aber statt Vernichtung im Nirwana, wäre ein Erfüllen anzustreben im Pleroma (bei naturwissenschaftlich einheitlicher Weltanschauung), durch „Instauratio magna" (in einem „novum organum")..

Mit der Fortpflanzung ergiebt sich die Erhaltung der Gattung im ersten Gesellschaftskreis (der Familie). „Species cum suis generibus simul naturaliter existunt" (s. Abälard), κατηγορεῖται δ'ἐν τῷ τί ἔστι τὰ γένη καὶ αἱ διαφοραί (s. Aristoteles), und so kommt für die Attribute der Gottheit (eines „unus deus") der Gattungsbegriff (s. Anselm.) zur Geltung beim Tritheismus (in der Controverse mit Roscellin). A morte não é cousa natural mas o resultado d'um acontecimento extraordinario (am Humbe); um dann die „Casumbi" (almas dos mortos) zu Hülfe zu rufen (gegen den Endoxe), liegt den „terra orti" (s. Quintilian) um so näher, wenn etwa für solches Werk ein „Chao" zu gewinnen, mit einer bis auf Stufe der „Abhassara" hinaufführenden Abstammung (byamhisch oder birmanisch).

Während die Philosophie von der πίστις zur γνῶσις fortzuleiten hat (b. Clem. Al.), als ἡ θεία σοφία (s. Origenes), vollziehen sich die Consequenzen (patristischer) Religion in dem „Credo quia absurdum est", unter den Zuthaten aus „Salomon's Halle", im Rechtsstreit „Jerusalems contra Athen", wenn „jeder Handwerker" Gott gefunden (der von den Philosophen unbekannt gelassen). „Crucifixus est dei filius; non pudet, quia pudendum est; et mortuus est dei filius: prorsus credibile est, quia ineptum est; et sepultus resurrexit: certum est, quia impossibile est" (s. Tertullian), für

den „auf gezähmter Bestie reitenden Engel" (b. Tatian), im Christen als
Philosophen (s. Minucius), gegenüber den Ueberlieferungen (unwissenden
Alterthums). Und dann führt die „fuga saeculi" zu (montanistischer) Ver-
mengung in „commixtio carnis" von Stuprum und Matrimonium (wenn die
Ehe „nur Nachsicht" etwa gestattet). „Conjugalis concubitus generandi
gratia non habet culpam, concupiscentiae vero satiandae" (Aug.). Tradux
animae tradux peccati (in Erbsünde), und so wurden die Sünden der Väter
an den Kindern gestraft (auch nach dem Rechtsspruch im Incareich).

Doch dem nüchtern vertrockneten Rechenknechte auch, singt die
Welt in Göthe's Liedern, und Schiller hat „die intelligible Welt an-
schaulich gemacht" (s. A. Lange), als „Lehrer im Ideal" (Kant's), aus
prophetischer*) Vorschau für die Enthüllungen eines „naturwissenschaftlichen Zeitalters" (einheitlicher Weltanschauung).

Die dem Denken gestellten Fragen führen zur religiösen Bindung im
Abschluss des Horizontes, hinter welchem das Unbegreifliche, gleich „Tahu-
Wakan" der Dakotah, (in skeptischer ἀκαταληψία), auch für Mawu's raum-
losen Raum (der Ewe), in unzugänglicher Gottheit verschwindet, während
die Vermittler, (in Emanation der „Wong"), innerhalb des Gesichtskreises,
sich unter Verdüsterung aus dem als Grundübel einwohnenden Schmerz, (der
das Heilswort der Tathagata erharret), in böse Mächte (an Stelle heroischer
Halbgötter), verkehren**), so dass (bei dem durch ein Missverständniss
in die Welt gekommenen Tod) jeder Unglücksfall in das Werk eines
Zauberers gezerrt wird (bei den Abiponen), auch wenn einer vom Baum
stürzt (s. Dobrizhoffer), oder von der Leiter (in's Feuer oder Wasser) fällt,
als „Würfe und Schläge des Teufels", wie von Luther ausgedrückt, in
populärer Volksstimmung, die damals zu den Hexenprocessen führte,
in entsetzlicheren Excessen, als „Hexenriccherei" (der Bantu), so dass sich
den Klugen mitunter als Klugheitsregel anzurathen schien: μιμεῖσθαι ϑεόν
(b. Philo), um durch „Mimiery" geschützt zu sein (gegen die Nachstellungen
des Feindes).

Wenn diese widerlich treffenden Einwirkungen bei culturfähig angelegtem
Volksgeist, sich mythologisch verschönern, (für die *Classicität), ver-
tieft sich in die tieferen Fragen der Philosophie das Denken: „rerum
cognoscere causas", und aus einem durch zeitgemäss herrschende Weltanschauung erfüllten Geist, mag dann eine Offenbarungsreligion hervor-

---

*) Die heidnischen Philosophen, wie Plato (Μωσῆς ἀττικίζων) mit Numenius
und seinem Ἰσαίος (Kronius), stehen unter Christus, weil sie keine Wunder zu thun
vermochten (s. Arnob.); ἡ μονὰς πλατυνϑεῖσα γέγονε τριάς (s. Sabellius) und so folgt
leicht ein „Hexeneinmaloins" (des Dichters), wenn uncontrolirt (ohne Logik des
Rechnens, naturwissenschaftlicher Psychologie).

**) Angeli (cum mulieribus concubitus causa et amoribus victi) filios progenerunt
(s. Justin), ἀνϑρώπους (die Menschen erschlagend). Deus itaque nescit se quid est,
quia non est quid, incomprehensibilis nempe in aliquo et sibi ipsi et omni intellectui
(s. Erigena), im Glauben, auch (am Humbe), o'um só Deus Katongaou, Immensidade,
nomen que tambien sa da ao mar (wie bei den Chimu).

treten, wie bei dem, im Erdkreis (zum Orbis terrarum) erweiterten Welt-
reich Roms, unter damals nahender Krisis des Verfalls.

Solche mit Aufnahme mystisch-philosophischer Lehren (wie aus er-
neuertem Platonismus) in Hypostasen dem Grübeln zugängliche Theologie
konnte eine Gesammtanffassung scholastischen Ausban's (b. Thom. Aq.)
herbeiführen, bis, als mit der Revolution des siderischen Weltalls der Gottheit ihr Fussanftritt verloren gegangen, eine mathematische Reconstruction
eingeleitet werden sollte durch Descartes, der folgegemäss den „Vérités
révélées“ ehrfurchtsvoll, aber schen („jusqu'à l'excès“) gegenüberstand,
zumal in Folge der Reformation der Bruch der Confessionen den un-
bedingten Glauben erschüttert hatte, und trotz Bossuet's „Exposition de la
foi“ (für die „Histoire des variations“) die zwischen Spinola und Molanus
(auf Leibniz' Veranlassung) angeregten Auseinandersetzungen nicht ge-
nügten (zur Vereinigung), weil ohnedem, bei atomistischer Richtung,
jesuitische Einwendungen fernerhin hätten hervorgerufen werden können
(wie gegen Bernier, betreffs der Transsubstantiation). Indess „le coenr
a des raisons que la raison ne connait pas“ (s. Pascal), und als deshalb
„la logique ou l'art de penser“ die Categorien (des Aristoteles) für freiere
Bewegung des Denkens verworfen, trat mit der formalen Psychologie
(ohne Ontologie), die Veränderung ein, welche Kant in seiner Kritik weder
durch „reine“ noch durch practische Vernunft wiederherzustellen vermochte, da für solche „Restitutio in integrum“ ein „naturwissenschaftliches
Zeitalter“ (s. Siemens) die diesem erforderliche Einheit der Weltanschauung
zu erwarten (oder selbst erst zu verarbeiten) hätte, nachdem es gelungen
sein dürfte, die Psychologie den Naturwissenschaften anzureihen, in der
„Lehre vom Menschen“).

Die gnostische „Blasphemie“ (s. Irenäus) liegt in der Abtrennung des
(demiurgischen) Weltschöpfers, und den ethisch daraus fliessenden Weiter-
folgerungen für subjectivistische Auffassung (des Dekalog), während in
objectiver Betrachtungsweise mechanischer Naturerkenntniss ein agnostisches
„Ignoramus“ die Grenzlinie zu ziehen hat.

Hierin fiele nun die Kernfrage für den materialistischen Streit
heutiger Tage.

„Unusquisque tantum valet, quantum potentia habet“, und so hat das
Denken zunächst den Bereich eigener Befähigung zu ziehen, seit Demokrit
(unter Bacon's Rückweis); beim Absehen von inadäquaten Erklärungsweisen der Gottheit zur Zulassung des Epikurismus durch Gassendi (für
theologischen Ausgleich), vorbehaltlich voller Einstimmung mit astronomischer
Reform (b. Bruno).

Auf dem tellurischen Standpunkt des Planetarischen würde bei ge-
nügendem Fortgang inductiver Forschung ein zunehmender Grund für
die darin abspielenden Erscheinungen sich gewinnen lassen, um den in
der Welt als sein Werk geoffenbarten Weltschöpfer darin zu begreifen,
wogegen weiterhin der Blick in kosmische Unendlichkeiten hinausschaut,
unter denen im Irrationellen keine Grenze (im Grenzenlosen) erreicht werden
kann, sondern nur (in rationeller) Annäherung eines Facit (nach dem

„Calcul des probabilités") aus den Gesetzlichkeiten selbst, wie geboten bei
Richtigkeit ihrer logischen Berechnung, und in Vorbedingung hierzu wird
für den Anschluss an die Psycho-Physik die Einführung comparativ-
genetischer Methode in die Psychologie verlangt, mittelst ihrer Anwendung
auf die Völkergedanken der Gesellschaftswesenheit (im Zusammenbegriff
unter geographisch-historische Provinzen). Nur den ihm einwohnenden Ge-
danken des All ($\dot{\epsilon}\nu\delta\iota\acute{\alpha}\vartheta\epsilon\tau o\nu$ $\tau o\widetilde{\upsilon}$ $\pi\alpha\nu\tau\acute{o}\varsigma$ $\lambda o\gamma\iota\sigma\mu\acute{o}\nu$) hat Gott aus dem Seienden
geschaffen (s. Hippolyt), so dass einzig allein dem, diesen nach richtigem
Maassstab, Begreifenden das Menschliche zum Seienden zurückkehren würde,
im Dauernden (eines Nirwana, als Pleroma).

Gegenüber einem aus harmonischem Eindruck des Ganzen optimistisch
anwehenden Weltbild, zerbricht sich pessimistisch der Zweifel in Noth
und Qual bei dem Einzelnen, wo der genügenden Durchschau einheitlichen Ausgleichs die Erfahrung fehlt (und terrestrisch fehlend bleiben
muss), so dass die Harmonie selber harmonisch gelebt werden müsste,
wenn die im Materialismus als fester Anhalt anerkannten Gesetze auch
idealistisch sich wiederfinden (mit naturwissenschaftlicher Durchbildung
der Psychologie). Den Michelianern (Michael Hahn's) oder „Seufzern"
(im Pietismus) traten mit den Pregizerianern die fröhlichen Christen entgegen
(als „Selige"), im optimistischen Gegensatz zum Pessimismus (lachender
oder weinender Philosophie). Qui cognoscit Deum esse in se, lugere non
debet, sed ridere (cf. Amalrich.).

Der Schmerz und seine Aufhebung bildet die Grundlage ältester und
weitverbreitetster Religion, eine vielversprechende in der, diesem Grundübel (aus gebrechlich irdischer Natur) zugesagten, Besserung (in den
Aryani-satyani) und Verbesserungen (moralisch), durch die Tugenden als
„Arznei der Seele" (b. Gassendi), und wie in einem Leiblichen (des Körper-
zuckens), strebt es auch in dem Sinnlichen nach Vermeidung disharmoni-
scher Störung, zur Auffassung der entsprechenden Qualitäten, die durch
unrythmische Ordnungslosigkeit verletzen; im grellen Licht, schrillen Ton,
bitteren Geschmack, Gestank (bis zum teuflischen, wie aus Hinterlassen-
schaft erwiesen). Wenn dann im Geistigen der „Appetitus intellectivus"
(einem „doctor angelicus") erwacht, wird auch dieser mit seinen „Aromana"
in richtiges Gleichgewicht sich zu setzen suchen, auf jener geistigen
Sphäre der Gesellschaftswesenheit, woraus also, weil darin lebend, die
„Gegenwürfe" zu entnehmen sind, in den ethischen Eindrücken und
daraus gebildeten Begriffen. Das Vorhandensein solcher Einwirkungen
von Aussen her, weist auch für sie auf eine zurückliegende Ursächlichkeit
hin, wie betreffs des Materiellen, worauf die Empfindung fusst, und wie
bei dieser also wird auch bei jenen zunächst das Gesetzliche in seinen
Bedingungen zu erfassen sein, auf dem Wege der comparativ-genetischen
Methode, unter thatsächlichen Anschauungen der Völkergedanken, als
ethnischer Schöpfungen (der religiös und rechtlich im Volksleben leitenden
Principien).

Während dies einerseits nun, beim Sehnen nach Sympathie (zum
harmonischen Frieden im rythmisch erfreuenden Abgleich) aus dem

Egoismus zum Altruismus drängt, zum grössten Glück für die grösste Zahl
(b. Bentham), so bleibt andrerseits der Hinweis auf das dem Geistigen im
Ewig-Unendlichen Quellende, ein Ersehnen mythischen Lebenswassers (Vai-
ora), zur Regeneration (aus mystischer Umdunkelung), von jenseits her her-
niedersickernd (in den Dunstkreis des Planetarischen, das mit den Offenbarungen seiner Erzeugnisse im Kosmos einbegriffen liegt). Und deshalb:
Travaillez la science comparée (s. Gratry) „pour arriver à ce grand but
qui est précisement ce que dieu veut de l'esprit humain (il y a de l'harmonie,
de la métaphysique, de la théologie, de la physique, de la géometrie,
de la morale partout)*). „Attendez que l'affinité naturelle de la religion
et de la science les rénnisse dans la tête d'un seul homme de génie"
(s. Joseph de Maistre), den Pfad (der Megga) entlang, als „viam"
(s. Bacon), und zwar würde solcher Weg (oder Heils-Weg) wenn etwa
nicht auffindbar (aus dem Alten), neu zu berechnen sein, in der Durchbildung naturwissenschaftlicher Psychologie (künftiger Tage).

Aus dem Körper**) der denkt (b. Voltaire), folgt „que la matière

---

*) Ces deux procédés nécessaires de déduction et de transcendance sont les
deux procédés fondamentaux de la géometrie, comme de toute autre science
(s. Gratry). Le procédé dialectique qui démontre l'existence de Dieu, dans toutes
les démonstrations connues, est un procédé logique général, qui, appliqué aux
mathématiques a créé le calcul infinitésimal. (Les vraies lois de la nature, bien
comprises, ont toujours forme géométrique). Omnia in numero, pondere et mensura, (hat Gott geschaffen). „Die Methode, welche sowohl zur Erkenntnis, als auch
zur Beherrschung die Natur bietet, verlangt nichts Geringeres, als eine beständige
Zertrümmerung der synthotischen Formen, unter denen uns die Welt erscheint, zur
Beseitigung alles Subjectiven" (s. A. Lange). Ἀεὶ πάντων ἐστὶν ἡ δύναμις τοῦ θεοῦ
(s. Aristobulus). Die Zahl wird als πλῆθος ὡρισμένον erklärt (b. Nikomachos).
Ἀριθμὸν αὐτὸν ὑφ' ἑαυτοῦ κινούμενον (als selbst bewegte Zahl) bezeichnet die
Seele (Xenokrates). Thales brachte die Geometrie aus Aegypten nach Hellas
(s. Proklus). Basis speculationis est Parmenidea de uno et multis disputatio, per
quam Proclus Unum et Unitates entium principia invenit (s. Kirchner). Πάντα
γὰρ μὴ τὰ γιγνωσκόμενα ἀριθμὸν ἔχοντι (s. Stob.), τούτων ἐπιπαρεόντων (der Zahlen).
**) Der Körper ist das Zelt (σκῆνος) der Seele (b. Demokrit) als „Stiftshütte"
(im Tempel). Wenn wir in den Werken alter Weltweisen den Ausdruck ἀσώματος
finden, den die Lateiner durch „incorporeus" und die Deutschen durch „un-
körperlich" geben, so haben sie nichts anderes, als eine sehr feine und subtile
Materie anzeigen wollen (s. d'Argens). Appellatio ἀσώματος apud nostros scriptores
est inusitata et incognita (s. Origenes). Die Seele verhält sich zum Körper, wie
die Harmonie (in der Musik) zu den Saiten (s. Aristoxenes). Für die Seele, als
Abzweig (surculus) aus Adam's Seele, ist der νοῦς nur „suggestus" (b. Tertullian),
zur Suggestion (hypnotisch). Die Thätigkeit der Seele wird als Bewegung gefasst
(b. Strato). Unsere Ideen, auch Hirngespinste sind Producte derselben Natur,
welche unsere Sinneswahrnehmung und Verstandesurtheil hervorbringt (s. A. Lange).
Der irdische Körper besitzt die Fähigkeit der Wiedererzeugung, in den Nachkommen
fortlebend, aber die Unsterblichkeit gilt nur für das Gesammtgenus, das der
Menschenseele angehört (b. Averroes). Im Gehirn treffen sich die natürliche Seele
(aus Atomen) und die vernünftig (immateriell) verbundene (s. Gassendi). Ipsa anima
interdum in talibus minimis corpusculis integra latere et seso conservare potest
(s. Sennert). Am ersten Rang der Wissenschaften steht die mit der Seele beschäftigte
(s. Aristoteles). Was die Sonnenstäubchen (τὰ ἐν τῷ ἀέρι ξύσματα) bewegt (in der

pourrait bien avoir la faculté de penser" (s. Lamettrie), aber „wenig
Erziehung, wenig Ideen", und so aus (Locke's) „Seele von Koth"
(b. Pfuche), wachsen auf dem Dünger die von den Sinnesempfindungen
gegebenen Anregungen zu ihren, die Leerheit (b. Arnobius) erfüllenden,
Gedanken empor, die, (für ausgestaltende Ernährung), die entsprechenden
Reize aus gesellschaftlichem Verkehr entnommen haben, hinsichtlich der Gesellschaftswesenheit des „Homme-machine", als „Zoon politikon" (b. Aristoteles), für die „principes physiques de la morale" (s. Volney), mit dem
Ausgang von dem, in die Differenzirungen der Völkergedanken (unter dem
Licht des Verständnisses) gebrochen zertheilten Gesellschaftsgedanken (in
naturwissenschaftlicher Psychologie). So, wenn das, Jahrtausende hindurch

---

Luft) ist die Seele (bei den Pythagoräern). Die Seele ist συμφυὲς ἡμῖν πνεῦμα (bei
den Stoikern), ἀπόσπασμα τοῦ θεοῦ (s. Epikt.). Soll die ewige Wahrheit aus-
gesprochen werden, so bedürfen wir dazu erst der negativen, schrankenvereinenden
Ideen (s. Fries). Nur Functionen (im Denken, Erkennen, Wollen, Erinnerungen)
findet (aus immaterieller Substanz) die Seele in sich (s. Aug.), in Bündeln (oder
Khanda) von Vorstellungen (b. Hume). Mit Sein ist das Nichtsein gemischt
Im unendlichen Wesen der Gottheit, (s. Campanella), aus ihren Primalitäten
(Macht, Weisheit und Liebe). Universel et infini sont synonymes (s. Saisset).
La mort est la disparition, ἀπόλισίς, do la vie (h. Strato). Seele (h. Thales) ist
φύσις ἀκίνητος (s. Hardy). Quelque mouvement, quelque espace, quelque temps,
quo ce soit, il y en a toujours un plus grand et un moindre de sorte, qu'ils so
soutiennent tous entre le néant et l'infini, étant toujours infiniment éloignés de ces
extrèmes (s. Pascal). Μὴ μᾶλλον τὸ δὶν ἢ τὸ μηδὶν εἶναι, lehrt Demokrit (b. Plato).
In der Mitte zwischen dem Intelligibelen (ἐκτὸς οὐρανοῦ) und dem Sinnlichen (ἐντὸς
οὐρανοῦ) liegt das δοξαστόν (h. Xenokrates). Nimmt man die Organisation als
„Erscheinung", also mit dem Vorbehalte, dass sie Erscheinung eines unbekannten
Dinges an sich sein möge, so schwindet nicht nur der Materialismus, sondern es hört
auch jedes Recht auf, diese Annahme mit den Erfindungen der Metaphysiker zu
coordiniren (s. Lange). Une demi-philosophie nous écarte du vrai, et une philosophie
mieux entendue nous y mène (s. d'Alembert). Ideation, under certain circumstances,
is, in its influence on the sensorium, as powerful as anything, in the outer world,
which impresses the senses (s. Hack Tuke). Toutes les facultés de l'âme, toutes
les opérations se reduisent à l'entendement et à la volonté (s. Laromiguière).
Ubicumque est nec formam recipit (s. Cassiodor.), die Seele (ausserhalb der
Kategorien). Die Seele, im Leibe wohnend, ist räumlich begrenzt (b. Faustus).
Die ursprünglichen Thatsachen im Bewusstsein („common sense") bilden die Unterlage
für die Philosophie (s. W. Hamilton). Le syllogisme développe mais n'ajoute pas,
le procédé inductif, au contraire, ajoute des clartés nouvelles aux anciennes
(s. Gratry). „Induction is involved in almost every example of Probabilities" (s. Venn).
„Viam aut inveniam aut faciam" (s. Bacon). Der Nous (b. Aristoteles) ist zunächst
γραμματεῖον ᾧ μηδὲν ὑπάρχει ἐντελεχείᾳ γεγραμμένον (s. Aog. Romanus), als „white
paper" (h. Locke), einer „tabula rasa" (durch Erfahrung zu beschreiben). Die menschliche Seele ist überall im Leibe gegenwärtig, denselben überdauernd (h. Gregor
Nyss.). Die Seele ist ein σῶμα νοερόν (h. Methodius). Die Seele (nur für die Qualität
zu den Kategorien gehörig), erfüllt sich im Gedächtnis, Denken und Wollen,
den Körper umfassend (b. Claud. Mamertus). Der Reiz im Körper und der innere
Wille erscheinen als causa occasionalis für die Empfindung der Seele, um eine Bewegung im Leibe hervorzubringen (b. Geulinx). Ubicumque substantialiter inserta
est (als geistig) die Seele (nach Gottes Bild), bei den Thieren im Blut liegend
(s. Cassiodorus Sen.). Im Rechtsstreit zwischen Seele und Körper (s. Palamas)
wurde gegen die Anklagen jener entschieden (1347).

im Mumiengrabe verborgen liegende, Samenkorn der schönen Gottesnatur
wieder eingesäet ist, kommen durch die aus den Weiten des Alls zuströmen-
den Einflüsse die latenten Kräfte zur Bethätigung, um aus dem Schönen
zu erfreuen in geistigen Früchten, mit Idealen geschwängert, die wiederum,
ihrer potentialen Fülle nach, da zum Auswachsen zu kommen hätten,
wo in „gradation naturelle" (s. Robinet) einer Stufenreihe (der Wesens-
geschöpfe) der Mensch sich mit dem „letzten Seraph" berührt *), — zu „Palin-
génésie" (b. Bonnet), — auf den Meditationsterrassen, von wo der aus
Tuschita Incarnirte die Offenbarung, im „Pantheistikon" (b. Toland), herab-
bringt, im Gewande eines Nous (ἔξωθεν), der (mit seiner Arcana jenseitiger Aequivalenz) in der Gesellschaftssphäre schwebt, für eine naturwissenschaftliche Weltanschauung (unter den Harmonien des Kosmos). In
der Meditation ist die ἀσθένεια θεωρίας (s. Plotin), frühreifer Entscheidung,
zu überwinden, kraft der Entsagung, damit die Gedankenreihen ausreifen
(im psychischen Wachsthumsprocess). „Mentem Dei, quam Graeci Noyn
appellant, origines rerum species quae ideae dictae sunt, continere meminit"
(Plato), in corpora prodirent (inquit Priscianus). „Spiritum sanctum animam
mundi quasi vitam universitalis posuit" (Plato), bei Trinität (des Tagathon,
Noys und der Weltseele). Plato formas exemplares in mente divina
considerat, quas ideas appellat (s. Abälard), „dicens generales et speciales
formas rerum intelligibiliter in mente divina constituere" (Priscianus), als
Schöpfergedanken oder Schöpfungsgedanken.

In traducianistischer Fortpflanzung unter der (in nigritischer Folge,
als Bla) weiterzeugenden Stammesseele, spinnt sich folgegemäss für die
Persönlichkeit der Faden naturnothwendigen Zusammenhangs mit den
Abgeschiedenen zu verwandtschaftlichem Verkehr, ein traumhafter (bei den
Papua), auf (chinesische) Ahnenopfer bedacht, (im väterlichen Cult des
Brahmanensohns), während der coenobitische Anachoret (einer Mula-muli)
seinen Ziffernwerth aus transcendentalem Zusammenhang (des Jenseits)
herauszurechnen hätte (zu naturwissenschaftlich stimmender Logik harmonischer Gesetze im All).

Zwischen seinen zwei Unendlichkeiten gestellt („la double infinité"
b. Pascal), in den „extremitates quantitates non inclusae, sed seclusae"
(b. Leibniz), erspinnt sich dem Menschen, für ahnungsvoll unauslöschliches

*) In den drei Triaden (der Engelwelt) begreifen sich die Seraphim, Cherubim,
Throni, dann die Dominationen, Virtutes, Potestates und ferner die Principatus,
Archangeli und Angeli (s. Dionys. Areop.). Das „ens rationale" steht zwischen
„pecora und angelos" (im Menschenmaass). Die Vergottung (θέωσις) des Menschen
(b. Maximus) ergiebt sich als ἡ πρὸς τὸν θεὸν ὡς ἐφικτὸν ἀφομοίωσις τε καὶ ἕνωσις
(b. Dionys. Ar.) in (mystischer) Einigung (ittisal des Islam). In den θίασοι (Philo-
sophenschulen) wurde das Amt des Scholarchen verwaltet (als welcher Speusippos
auf Plato folgt im Mouseion), und in Prophetencollegien (wie zu Samuel's Zeit)
musicirten, erziehen die Maori (cf. „All. a. V. u. M." II. S. 54). Dem Einzelnen,
substantiell (nach οὐσία) existirend, ist das Allgemeine immanent (ἐννπάρχων) für
οὐσίας γνωρισμός (b. Aristot.). Esse universale est formae et non materiae (s. Thom.
Aq.). Sermo est praedicabilis (s. Abälard) für Satzworte (in corporisirendem Mono-
syllabismus), cf. Sp. St. (S. 149).

Sehnen, die Fortdauer in der Unvergänglichkeit des Stoffs sowohl, wie in demjenigen, was aus dem Endlichen zum Unendlichen führt (im Ewigen).

Das unvergänglich Ewige liegt in der Kraft psychischer Bethätigung, mit der Fortdauer jeder Action, sei es in der Aussenwelt dort, sei es in physischer (oder psychischer) Zeugung für das innerliche Selbst, und mit der Fortdauer ebenso jener Actionen, die an sich selbst fortzudauern haben, wenn zum Uebersinnlichen gesteigert, im harmonisch gesetzlichen Bestand, — und also, (nota bene!), die Vernünftigkeit vorausgesetzt (im normalen Gesundheitszustand des Geistigen). Hierzu benöthigt sich dem Denken (betreffs der in Assimilirung brauchbaren Ernährung) eine Verwebung seiner Wurzeln mit dem Gesammtgetriebe umgebender Natur, zur Durchschau in Bodhi, weil sonst pathologisch verirrte Schuld zu sühnen bleibt (durch Karma), bis etwa die (zu Phala leitenden) „Megga" gefunden, bei Befähigung zu logischer Rechenkunst, aus naturwissenschaftlich hergestellter Einheit im universellen Zusammenhang (soweit die planetarisch irdische Existenz darin zu zählen hätte). Wie immer für das „Mysterium magnum" (b. J. Böhme), theosophischer Entrückung (oder Verrücktheit), die Wiedervereinigung mit den Lieben mythologisch auszumalen nahe liegen mag, variirt sich nach den geographisch-historischen Umgebungen jedesmaligen Völkergedankens, während das unveränderlich (und unabänderlich) zu Grunde liegende Gesetz (im schöpferischen Wirken) seine Selbstsetzung zu finden hat (für eigenes Verständniss), und zunächst, aus Klugheitsregeln schon, eine Setzung „naturgemässerer Lebensweise" (in geistiger Diät), als eine sittlich-rechte und gerechte (ethisch-ethnischer Moral).

Als Mitte unseres Jahrhunderts Al. von Humboldt seine Umschau hielt durch den Kosmos, schloss sich ihm, dem damaligen Standpunkt naturgeschichtlicher Wissenschaft gemäss, ein physikalisches oder „physisches Naturgemälde" (der Weltanschauung) ab, welches die Grenzen eines geistigen Reiches berührte, ohne dasselbe bereits betreten zu können (s. Vorg. d. Ethn., S. 32).

Bald darauf, im Fortschritt der Naturwissenschaften, war die Physiologie hinzuerobert, mit dem psycho-physischen Vorstoss, so dass die Frage nach der Psychologie, auf ihrem Grenzgebiete mit der Physiologie, eine desto brennendere wurde, im „Kampf um die Seele" (des Materialismus), und aus der, durch die hehre Philosophie in früheren Tagen entzündeten, Fackel der Erkenntniss würden nur die nichtig (in Negationen der Identität) ausgebrannten Schlacken eines „Köhlerglaubens" (b. Vogt) erübrigt bleiben (im drohenden Nihilismus), wenn es nicht gelingen sollte, auch die Psychologie ebenbürtigerweise den Naturwissenschaften dadurch einzureihen, dass deren comparativ-genetische Methode für die Ideale geistiger Güter ebenfalls gleichmässig zur Verwendung käme, nach Herbeibeschaffung thatsächlichen Materials in den Völkergedanken (zu anschaulichen Belegstücken für die Constitution der Gesellschaftswesenheit des Menschen).

Indem bei der (inductiven) „Lehre vom Menschen" die factischen Darlegungen nicht nur der religiösen, sondern auch der rechtlichen Institutionen einem systematischen Studium unterzogen werden, haben sich für die socialistischen Zeitfragen zur „Erziehung des Menschengeschlechts", ebenfalls practische Fingerzeige zu ergeben, für Gesundheit des nationalen Lebens, das sich in internationaler Erweiterung über die Erde erstreckt (bei ethnologischer Forschungsweise).

Wenn an Stelle schwankender Glaubensansichten (im Meinen und Scheinen) die feste Bestimmtheit der durch logisches Rechnen gezogenen Resultate gesetzt ist, wird den „Testamenten" das neue Evangelium (Lessing's) hinzutreten, das seine stetige Dauer durch Einfügung in einheitliche Weltanschauung erhält (für die herrschende Zeitrichtung).

Je complicirter die Weltauffassung sich gestaltet, desto kategorischer stellt sich die Anforderung eines ungetrübten Gesammtdurchblicks, um das Maschengewebe der Einzelfäden intact zu bewahren (nach gesetzlichem Zusammenhang). Indem die Principien (in Theorie) etwas „Bewegliches" sind, muss in jedem Augenblick übersichtlich gehalten werden, „welche Wirkungen eine Aenderung dieser Principien auf die ganze Gestaltung der Theorie ausüben würde" (s. Neumann), um richtige Verhältnisswerthe zu wahren (im logischen Rechnen).

In einem deductiven Zeitalter*) verlangte Montesquieu die Ueberein-

---

*) Das Vorkonnen der in comparativ-genetischer Forschungsmethode, nach ihrer charakteristischen Specifität, gestellten Aufgabe kann nicht naiver zur Schau gestellt werden, als mit dem wiederholentlich in der Kritik aufstossenden Einwurf gegen das Zusammenfinden, auf gleicher Seite oder in demselben Satz, von Citaten, die verschiedenen Zeitläufen oder Völkerkreisen entnommen sind, denn aus den Wahlverwandtschaften eines, oberflächlichem Anschein nach, Incongruenten, hätte sich gerade die Richtigkeit des Rechenexempels zu erproben für die elementar gleichartigen Grundzüge, unter geographisch-historischen Variationen (im Gesellschaftsgedanken). „La multitudo des exemples peut fatiguer, mais si l'auteur avait trié les principaux et laissé de côté les autres, on aurait douté de sa grande impartialité" (s. de Candolle), für objectiv vergleichende Forschung, in Blosslegen wunder Stellen gerade (statt sie mit Schönpflästerchen zu verdecken). Bei Vergleichung heutiger Pflanzenbeschreibungen mit denen etwa des Theophrast's, oder zoologischer mit Darstellungen auf pharaonischen Denkmalen, lässt sich für fortdauernde Aehnlichkeit sowohl, wie Abweichungen, wenn angetroffen, auf unterliegende Erklärungen gelangen, in Vertiefung der Detailforschung (bei gebotenem Material). So wächst rüstig und weit gebreitet der geschichtliche Gedankenbaum für die Gegenwart empor, (aus Umschau des Globus und Durchschau litterarischer Quellen der Tradition), aber in ihm treibt, mit fortwirkender Dauer, ein gleicher Zellprocess des Wachsthums, von den niedrigsten kryptogamischen Stadien an, bis aufwärts in unabsehbare Fülle der Fortgestaltungen — (von den Naturstämmen bis zu den Vertretern ethnischer Culturen), — unter einheitlich waltender Geschichtsbewegung; und dies ist es eben, warum es sich handelt (für das logische Rechnen). Die Richtigkeit (wie selbstverständlich überall) hängt ab von der Richtigkeit der Verhältnisswerthe. Man mag teleskopisch weiteste Allgemeinheiten (aus Umrissen der Fernschau) in Vergleichung stellen, ebenso berechtigterweise, wie minuticuse Decimalstellen bei mikroskopischer Sichtung, aber in jedem Sonderfalle ist die Bahn des proportionell gültigen Maassstabes festzuhalten, da Abweichung von der Aequivalenz der Rechnungsformeln, in kabbalistische Verwirrung stürzen muss (mit den Sinnlosigkeiten eines Unsinn oder Nicht-sinn). Wie für (Kant's) Kriticismus, „mit dem Janus-Antlitz auf der Grenze zweier Zeitalter" (s. A. Lange), ist ein „Novum organum" (gleich dem Bacon's) für Dar-

stimmung der Regierung mit „la disposition du peuple, pour lequel il est établi", und meint die leitenden Prototypen zu finden in der Schweiz, sowie (seit 1728) in England. Vom objectiven Standpunkt erhält sich die Induction in Uebereinstimmung, wo noch ein naturgemäss ungestörter Zustand (bei harmonischem Abgleich unter geographisch-historischen Bedingungen), so dass das Müssen nicht durch den Geist in die Betrachtung

win's Reform beansprucht, denn die Descendenztheorie (s. Häckel), „stellt sich ebenbürtig Newton's Gravitationstheorie zur Seite, ja sie erhebt sich noch über dieselbe" (1878). Und hier freilich würde es nun heissen (nach bekanntem Spruch): „So viel Köpfe, so viel Sinne" (zumal der Parteikampf noch nicht ausgetobt hat).

Immerhin jedoch würde radical, wie bei Aenderung des geocentrischen Systems, die Weltanschauung sich dann erst umgestaltet finden, völlig und ganz, wenn die, durch psycho-physische Brücke der Physiologie angeschlossene, Psychologie in ihrer Erweiterung zur menschheitlichen Culturgeschichte, für die naturwissenschaftliche Methode sich verwendungsfähig erweisen sollte, mit dominirendem Ausgang von der Induction, also einem diametral entgegengesetzten (vorläufig soweit) zur bisherigen Deduction; so dass zunächst Alles verkehrt (und umgekehrt) zu stehen scheinen müsste, weil in der Richtung des Gegenüber (vom anderen Ende her) angeschaut, — bis dann, beim Zusammentreffen, „to compare notes", wenn die Ergebnisse sich richtig ergänzend erweisen, eine doppelte Controlle gewährt wäre (zu gegenseitiger Bestätigung). Hier, beim Uebertritt vergangenen Zeitalters in das nächste, klafft, auf der Schwelle beider, der momentane Bruch derartig schroff und gewaltsam plötzlich, dass die Vermittlungsfäden abreissen (ehe wiederum angesponnen). Als die antiquirte Ethnologie ihr Testament zu machen hatte, war ihr noch die Gunst beschieden, in einer durch Meisterhand abgerundeten Darstellung dem Leser-Publikum vorgeführt zu werden, von einem auf verwandten Gebieten der Erdkunde gefeierten Lehrer, in dessen kurz übersichtlicher Behandlungsweise (seiner Lehrsätze) ein anziehendes Bild dem Neu- oder Wissbegierigen entrollt ward. Dass solchem, an durchscheinender Klarheit gewohntem Styl („c'est l'homme") das chaotisch Ungeordnete der Uebergangszustände, während welcher das Rohmaterial für künftigen Aufbau vorderhand zu beschaffen war, ein Greuel erscheinen musste, erwies sich aus seiner mit Entschiedenheit festgehaltenen Opposition, und ausschlaggebend mag dafür die Bemerkung seines Handbuches dienen, welche mit halbnärrischen Sonderbarkeiten eines „Rüsselsprunges" dasjenige erledigte, woraus seitdem das wunderbare Getriebe organischen Wachsthums sich zu entfalten begonnen hat, unter Gleichartigkeit der in geographisch-historischen Variationen schillernd gebrochenen Elementargedanken, deren noch unbemessbares Riesennetz über die Gesammtausdehnung der Erdoberfläche weiter und weiter sich zu breiten fortführt; belebt und ernährt zugleich aus unerschöpflichem Born, worin die Gedankenbilder sämmtlicher Vorzeiten sprudeln (bis in die Mitwelt hinein). Mit deutlicherem Ausdruck würde die hier scharf gezogene Grenzlinie nicht haben markirt werden können, jetzt, wo in trüb wallender Mutterlauge der Massenansammlung, klar und klärend zu leuchten beginnt, was in fest gezeichneten Krystallisationen der Völkergedanken hervorzutreten haben wird, nach gesetzlichen Wahlverwandtschaften (wie enthüllt aus naturwissenschaftlich durchgebildeter Psychologie). Cf. „Zeitschrift für Ethnologie", Bd. VI, 1874 (S. 148—149). Jene Mühseligkeiten langjährig bedrückender, und erdrückender, Handwerkerarbeit durften nicht erspart (oder abgewiesen) bleiben; denn hätten es die Kärrner verschmäht, substantielle Bausteine ansammen zu schleppen, würde der Bau der Architecten wiederum in Luftschlösser verduftet, uns kahl, dürr und leer (in grauer Theorie), aus metaphysisch nichtigem (nicht-seiendem) Untergrund, entgegenstarren, — auf dem, als gefestigt fortan dagegen, der Dom einer naturwissenschaftlichen Weltanschauung emporzusteigen beginnt (wie hoffnungsvoll angepflanzter Forschungszweig es kündet). „Per aspera ad astra", möge sich im Spruch bewähren (für die Epigonen kommender Tage).

hineiuzutragen, sondern ans derselben (den gültigen Principien nach) daraus vorher zu entnehmen wäre, weil sonst eine Uebertragung (wenn nicht fehlerfrei in logischer Berechnung) Unzuträglichkeiten nach sich zieht, wie bei den in der Entdeckungszeit auf verführerische Abwege eröffneten Einblicken, so dass Rousseau's vorschnelle Verallgemeinerungen jene Ueberstürzungen herbeiführten, welche dann durch Blutströme wieder zu sühnen waren (unter Robespierre's Schreckensregiment). Was kraft gesetzlichen Zwangs der Naturgesetze abgeschlossen, als Product aus dem „Raisonnement" (rationell) hervorgehen sollte, war allen Schwächen desselben ausgesetzt, deductiv, bis die Controle der Induction hinzugetreten (zur Rectification). „Si l'esprit n'était que réflexion, il serait subordonné à la nature, qui fait tout ce qu'il y a de positif dans son œuvre; mais l'esprit, c'est encore la nature" (s. Séailles), mit Einbegriff des Uebersinnlichen (in der Welt des Naturganzen). „Das Gemeinsame der Gattung in der Erkenntniss ist zugleich das Gesetz alles Gedankenaustausches. Es ist aber noch mehr, als dies, es ist zugleich der einzige Weg zur Beherrschung der Natur und ihrer Kräfte" (s. Lange), also auch in der Psychologie (bei naturwissenschaftlicher Durchbildung). Die Freiheit stellt den Menschen gänzlich ausserhalb der Naturkette (s. Kant), aber bei (über-natürlicher) Verlängerung derselben in die Ewigkeiten des Universums wird auch sie gesetzlich einbegriffen für naturwissenschaftliche Psychologie (kraft ihrer Unendlichkeitsberechnung).

Das in Relativitäten (der Verhältnisswerthe), innerhalb von Raum und Zeit, bewegte Denken gelangt jenseits derselben an seine Grenze des Absoluten, für Entstehen der Schöpfung (bei den Ursprungsfragen). Auf dem naturwissenschaftlichen Wege der Induction sind die an sich gegebenen Grenzen gesteckt, wenn die Chemie an ihre letztzerlegbaren Elemente gelangt, um sie als solche zu setzen, höchstens etwa noch mit kurz gleichsinnig theoretischer Zuthat von Moleculen und deren äussersten Atomen, auch etwa dynamisch gefasst, in der Materie (desjenigen, was „eine Kraft äussert oder leidet"). Sofern hier zum Eindringen in die Schöpfung (gläubigen Gemüthes) Ursprungsfragen eines Entstehens für die Forschung in Betracht kommen, mögen dieselben, je nach zusagenden Hypothesen, bis in nebulare Nebel zurückverfolgt werden, aber stets nur unter (proportionell) verhältnissweisem Vorgehen, da darüber hinaus das Welträthsel im Unbegreiflichen versteckt (und stecken) bleibt, für skeptische „Akatalepsia" ebensowohl, wie für ein „Tahu-Wakan" wilder Philosophen (oder „Prophetenschüler") in Θίασοι (unter ihrem Scholarchen und dessen αὐτός ἔφα).

Dieses die Erde in ihrem Sonnensystem, (mit dem Fixsternhimmel, soweit durchblickbar), umschliessende Problem, das bei der Ermüdung auf dem „Regressus ad infinitum" sich in Negationen der Fasslichkeit weiteren Angriffs entzieht (für die „causa causarum"), — weil in des Gottes Unendlichkeit das „allgemeine Gesichtsfeld" (s. Malebranche) einbegriffen (wie Zeiträumliches im Irdischen) —: solches Problem des Urgeräthsels wird verdoppelt durch eine zweite Räthselfrage, wenn diese auf der Erde im Besonderen nun wieder, für den Ursprung des organischen Lebens zugelassen wird, um hierüber, indem (oder: obwohl) die Controle naturwissenschaftlicher Berechnung eine „generatio aequivoca" nicht — oder noch nicht (wenn man lieber will) — gestatten darf, in das Dunkel eines gnostischen Bythos sich zu versenken (oder agnostisch zu entsagen, im Philosophenmantel gehüllt).

Wenn hier zum „sophicus Nodus enodatus" (1692) beim Zerschneiden des gordischen Knotens in einem nach oben schwebenden Getränme, (über μετεωρολόγια) zu Plato's Zeit, ein kühner Verzweiflungsschritt gewagt worden ist (h. Thomson) für die Herkunft aus Meteoren, in deren Spalten die Samen (durch ferneres Wagniss in Hypothesen) geschützt, herabkommen möchten in unsern Dunstkreis, so würde, mit all diesen Zugaben selbst, sich hier die Wurzel ebensowenig annähren, wie bei Vishnu's Niedergraben an Mahadeva's Flammensäule, — ebensowenig, oder (nach Belieben im Vorzug) ebensoviel, sofern leichter noch, auf Grund actuell gefallener Meteorsteine, auch ein ganzer Continent (gleich dem australischen) herabgefallen sein könnte, aber freilich, wie Tangaroa's Fels, in das Wasser nur, und dass ἀρχὴν τοῦ παντὸς εἶναι καὶ τέλος τὸ ὕδωρ (s. Hippolyt.), meinte bereits Θαλῆς ὁ τῆς τοιαύτης ἀρχηγὸς φιλοσοφίας (s. Aristoteles). Wenn dann ans Rehua's Sitz in oberster Feuerskraft, von dorther ein Princip zu Hülfe gezogen, (Ἵππασος δὲ πῦρ ὁ Μεταποντίνος καὶ Ἡράκλειτος ὁ Ἐφέσιος), mag in die γίνεσις eingetreten werden, die geologische Bildungsweise der Gestirne auch mineralogisch rückzufolgen, aber bald ist dann wieder die elementare Grenzschranke erreicht, in den Elementen der Zersetzungskunst, für fernere Ausmalung nach atomistischen Hypothesen (philosophischen Geschmacks), je nach des Malers Kunst (h. Epikur) in μῖξις und διάλλαξις (zum διαλέγεσθαι), und den logisch erlaubten Operationen (eines naturwissenschaftlich geschulten Denkens), ἐτεῇ δὲ οὐδὲν ἴδμεν, ἐν βυθῷ γάρ ἡ ἀλήθεια (s. Demokrit), in Avixa (eines Noch-Nicht). Schliesslich kommt es stets zurück auf die unter Führung „heliadischer Jungfrauen" erlangte Abscheidung des Nichtseienden, οὐ γάρ μήποτε τοῖτ' οὐδαμῇ εἶναι μὴ ἐόντα (h. Parmenides), mit dem Ausgang vom Vorhandenen zunächst als nothwendig Gesetztem, für einzelunterschiedene Anschau, in der Peripherie deutlichen Gesichtskreises: innerhalb also eines Horizontes, der, weil ein optischer nur, seiner Erweiterungen fähig sein dürfte, aus „monadischen" Zahlen (h. Philolaos), bis in Unendlichkeiten hinaus, nachdem zur Bemeisterung ein Infinitesimalcalcul gefunden sein sollte (im logischen Rechnen).

Hier scheint es nun, dass, zur Vereinfachung der Schwierigkeit, von reduplicirender Wiederholung ihrer Verdoppelung, vorläufig wenigstens, abgesehen werden mag, um im Zusammenhang mit dem Anorganischen im All auch für das Organische die Beantwortungen zu finden, in der γνῶσις τοῦ ὁμοίου τῷ ὁμοίῳ (h. Empedokles), ohne hier bereits ein zweites Grundproblem zu stellen, in Verdoppelung der Nuss (oder der Mandel, im Vielliebchen eines Agdistis), da eine allein sich schon schwierig genug erwiesen hat, für philosophisches (oder plautinisches) „nucifrangibilum" (bei sämmtlichen Varietäten des Menschengeschlechts, allüberall und jederzeit).

Mit der Generatio spontanea hat es (wie bekannt) bisher nicht vorwärts gewollt, und um die botanisch-zoologisch realisirten Typen der

Schöpfer- oder Schöpfungsgedanken, (für jedesmalige μορφή in Metamorphosen), aus dem „Schein" auf das „Sein" zu prüfen, (nach der κατά τόν λόγον ούσία), wird gewartet werden müssen, bis die Psychologie, kraft comparativ-genetischer Methode, einen gangbaren Weg gebahnt haben wird, zu jenen Musterbildern hin, die aus den Schöpfungen der Gesellschaftsgedanken in idealen Verklärungen hervorgetreten sind. Zunächst wird die an das Irdische gefesselte Betrachtung diesem zugewendet bleiben müssen, um in das Werden niederzusteigen, in die άποβολή (b. Straton), unter Metamorphosen (einer μορφη).

Hier gilt es nun Zerlegung vorerst, (dialektisch auch), im Zerlegen und Ueberlegen, bei chemischer Mutterlauge (chaotisch frühester Gährung), πρωτίστα (b. Hesiod), wenn es zu krystallisiren beginnt; der Krystall springt hervor, der Krystall ist da, in geometrischen Formen, nach dem „Band der Proportion" zwei-achsig und mehr.

Abgesehen vorderhand von dem, was hier bei den Krystallen (als „feste Körper, in regelmässigen, durch ebene Flächen begrenzten Gestalten gebildet"), aus polar-electrischen Spannungen (b. Berzelius) zu wirken hätte, (für theoretisch weitere Erklärungsweisen oder deren Modification), bliebe im „statu nascenti" der Gedankenansatz gegeben, das zur Bildung Drängende, statt momentan in krystallinische Versteinerung einzuknöchern, mit dem Fluss der Bewegung weiter zu führen, in die Entwicklungen eines Zellprocesses hinaus. Hierbei bedarf es einfallenden Reizes, zur Ablenkung „in the nick of time", und wenn sich nun die physikalischen Agentien böten, im Umkreis der geographischen Provinz, für das darin organisch spriessende Leben, erhielten wir in den differenzirten Variationen den Effect von „causae efficientes", die im „Klima", meteorologisch-siderisch sowohl, wie tellurisch, ihre gesetzliche Verknüpfung finden, — zum Aufknüpfen wieder, Auseinanderlegen und Erklären (für klärendes Verständniss).

Diejenigen Ursächlichkeiten, welche physikalisch-klimatisch, bei der Materia als δεξαμενή, in die bildungsfähige Masse (einer Hyle) hineinfallen, (gleich είδη für die Ideen und ihre στοιχεία), zur Entelecheia oder ίνέργεια (b. Aristoteles), sind nach dem Jahresumlauf geregelt, unter dem Tanz und Gesang der Sphären, in den Harmonien (der Pythagoräer) aus dem Kosmos (als αύτοζῶον), in Gesetzlichkeiten eines Dharma für dessen Durchschau (in Bodhi) bei naturwissenschaftlich-einheitlicher Weltanschauung (unter Einschluss der Psychologie).

Und wenn sodann ˙es klingt mit rythmischen Accorden, aus den Idealen eines „Kalonkagathon" (wie in den Verwirklichungen des Völkergedankens vor Augen stehend), dann lebt sich, im ethischen Gefühl, die irdischem Dasein gesteckte Bestimmung (auf hinweisende Zielrichtung hinaus).

Die Ethik betrifft den individuellen Status in seinen Beziehungen zu dem Gesellschaftskreis, welchem angehörig der Theil sich dem Ganzen verhältnisswerthig zu identificiren hat, um die für die sobezüglichen Handlungen des Individuums gültigen Vorschriften darzulegen und auf die comparativ-genetisch allgemein gültig erwiesenen Gesetzlichkeiten zu prüfen.

Das Sittengesetz (in der „Physik der Sitte") ist „nichts anderes, als die reine und fehlerlose Hervorbildung der tiefsten Grundverhältnisse der menschlichen Natur" (s. Beneke). In der „sittlichen Substanz", (als „bleibend Allgemeines der menschlichen Gemeinschaft"), realisirt sich die Sittlichkeit (b. Hegel). „Ethics (ἠϑικά) originally meant what relates to character, as distinct from intellect" (s. Sidgwick). Vom sociologischen Gesichtspunkt aus betrachtet, erscheint die Ethik als nichts Anderes denn als unbestimmte Darstellung der Formen des Handelns, welche für den gesellschaftlichen Zustand geeignet sind, und zwar in der Weise, dass das Leben jedes Einzelnen und aller Uebrigen seiner Länge, wie seiner Tiefe nach, so vollkommen als möglich sich gestalte (s. H. Spencer). „Die primitive Ethik ist die sociale Ethik, und aus dieser entwickelt sich die individuelle Ethik" (s. Höffding) im Gesellschaftsgedanken (den individuellen einschliessend). Nicht die That als solche, sondern die Absicht begründet Sünde oder Tugend (s. Abälard). Wie die τέχνη auf das ποιεῖν, ist die φρόνησις (ὀρϑὸς λόγος) auf das πράττειν gerichtet zur Vollendung des νοῦς πρακτικός (b. Aristoteles). „In dem Fortschritt der ethischen Anschauungen liegt der Kern des geschichtlichen Fortschrittes überhaupt" (s. Schäfer). „Das Princip der Ethik ist a priori, aber nicht als fertiges, gebildetes Gewissen, sondern als eine Einrichtung in unserer ursprünglichen Anlage, deren Natur und Wirkungsweise wir gleich der Natur unseres Körpers nur allmählig und a posteriori theilweis erkennen können" (s. A. Lange). „Die Aufgabe des Ethikers ist es nicht, Ideale auszuhecken, sondern sie da zu suchen, wo sie vorhanden und gegeben sind" (s. Ziegler), also in den Völkergedanken ringsum (als thatsächliche Verkörperungen religionsphilosophischer Vorstellungen).

Neben der „positiven Moralität" (für den jedesmaligen*) Fall socialer

---

*) Die „angewandte Ethik" sucht „die ethische Principienlehre und die Psychologie des Sittlichen durch eine Güter- und Pflichtenlehre zu vervollständigen" (s. Jodl). In der eigenthümlichen Beschaffenheit der Dinge (the fitness of things, aptitudo rerum) setzt Clarke das „Wesen der Tugend" (s. Ueberweg). Tugend zeugt Tugend, andere Gemüther zur Einstimmung weckend (s. Herbart). „Sittlich bethätigen kann und soll sich Jeder in dem Lebenskreis, zu dem er berufen und in den er hineingestellt ist" (s. Ziegler) durch Vocatio (Calvin's). Die Sittlichkeit ist die Vollendung des objectiven Geistes (b. Hegel). Im sittlichen Handeln bestimmt der Mensch sich selbst nach der Idee der Gattung (s. Strauss). Die Gerechtigkeit (δικαιοσύνη) zerfällt in die εἴδη der Austheilungen (ἐν ταῖς διανομαῖς) und Ausgleichungen (ἐν ταῖς συναλλάγμασιν), geometrisch und arithmetisch (b. Aristoteles). „Bona in habitum soll ünta voluntas" (s. Abälard) führt zum höchsten Gut (in Gott). Wherever approbation falls, there we cannot help recognising „merit", wherever disapprobation, „demerit" (s. Martineau). Der Werthabschätzung entsprechen (ethisch) die „Steigerungen und Herabstimmungen" (psychischer Entwicklung) in einer „Physik der Sitte" (s. Beneke). Werthgültiges (in der Moral) fällt unter die Kategorien des Nützlichen oder des Angenehmen (s. Hume). „Ein jedes Princip der Werthschätzung von Handlungen stützt sich auf bestimmte psychologisch-geschichtliche Voraussetzungen" (s. Höffding). Die Sittlichkeit (b. K. C. F. Krause) ist aufsteigend innerster Grund der Gottinnigkeit und Gotteinslebens (als abwärts wirkender Grund), im ὅϑεν ἄνω καὶ κάτω (b. Herakl.). Die Lust an vernunftgemässer Thätigkeit niederer vorziehend,

Entwicklnng) ergiebt sich die Ethik im Allgemeinen, als der Charakter-
Ausdruck des Zoon politikon οἱ δε κατὰ Ζήνωνα τὸν Στοϊκὸν τροπικῶς
ὁρξονται, ἦϑος ἐστι πηγὴ βίου, ἀφ' ἧς αἱ κατὰ μέρος πράξεις ῥέουσι (s. Stob.).

„Die in der Gattnng lebende Ethik ist eine Bedingung der Gesundheit und Kraft des menschlichen Lebens" (s. Höffding). Der Indonesier
lebt unter der Herrschaft des „Pomali" oder „Vossono" (in der öffentlichen
Meinung), während ausserdem das Gesetz ihn zwingt, das Rechte oder Un-
rechte anzuerkennen, sowie die religiöse Ueberzengung sein Urtheil bildet
über Gut und Böse, wofür durchweg geltende Grundlinien erst im comparativen Ueberblick der thatsächlichen Verwirklichungen ableitbar sein werden
(aus dem Völkergedanken). „Non quae fiant, sed quo animo fiant, pensat
deus, nec in opere, sed in intentione meritnm operantis vel laus consistit"
(s. Abälard) in Gerechtigkeit, wogegen staatlich die Schädigung als solche
zu strafen bleibt, für Wiederherstellung des Verschuldeten am Gemeinbesten,
und das „Honestnm" (s. Cicero) einen Ehrenpunkt bildet (in Ehrensachen).

Die menschliche Vernunft, den Wandelbarkeiten ihrer Urtheile und
Ansichten ausgesetzt, findet über sich ein Höheres, nach welchem sie sich
zu richten hat, in unwandelbarer Wahrheit (s. Aug.), und aus solchem
Urgrund des Seins reden allgemein gültige Gesetze (als „rationes rerum")
in den Werken der Schöpfnng, also für ethische Fragen ebenfalls, und
hier demnach in den ethnischen Verkörpernngen der geschaffen fertig vor
Augen stehenden Ideale in den Völkergedanken (unter historisch-geographischen Bedingungen). So, wie in den übrigen Reichen der Natur,
wird auch für die psychologisch gestellten Probleme die comparativ-
genetische Methode der Induction zur Anwendung zu bringen sein, für
einheitliche Abrundung der Weltanschauung (in practischer Rückwirkung auf
Regelung des gesellschaftlichen Lebens). Im Aufbau einer naturwissenschaftlichen Psychologie, mit dem durch die Ethnologie gelieferten Material,
werden sich deshalb die leitenden Principien zu ergeben haben für die
„angewandte Ethik" einer positiven Moral (in der Sociologie).

Bei der Gesellschaftswesenheit als „Vereinwesenheit" (s. K. C. F. Krause),
des „Zoon politikon", stetigt sich sein Körper, als die (körperliche) Constitution (des Gesellschaftskörpers) mit dem Skelett-Gerüst der Institutionen
(rechtlicher Einrichtungen), damit das volkswirthschaftliche Getriebe den
socialen Organismus mit physiologisch gesunden Säften durchdringe,
während die religiös-philosophischen Ideen die Weltanschauung abglätten
in den Gesellschaftsgedanken, innerhalb welcher, unter den Symphonien
rythmischer Einheit, das integrirend mitwirkende Individuum, im logischen
Rechnen, seinen eigenen Ziffernwerth herauszuhören hat (im Einklang mit
den harmonischen Gesetzen des Kosmos). „Non nobis solum orti sumus"
(s. Cicero), im einheitlichen Zusammenhang mit freundschaftlich ver-
wandtem Kreis, und seiner weitesten Peripherie, wie in der des nationalen

---

hat die Seele ihre Unfreiheit (in Abhängigkeit von Affecten) zu überwinden (s. Descartes). Die Anerkennung des Guten oder Bösen folgt (s. Spinoza) aus dem Affect
(der Freude oder Traurigkeit).

Vaterlandes, gezogen, um bei Mitarbeit an dort gestellten Aufgaben, für die Solidarität der Menschheits-Interessen durch Raum und Zeit, die Früchte des Jenseits zu zeitigen (in Idealschöpfungen dauernden Werthes). „La pensée, semble-t-il, est la fleur du monde, mais une fleur consciente et capable, en se connaissante, de s'embellir elle-même, de dépasser son présent par l'idée de l'avenir, et de se faire ainsi le germe d'un épanouissement supérieur" (s. Fouillée), im psychischen Wachsthumsprocess (der Menschheitsgeschichte).

„Das scheinbar Neue verräth nur, dass unsere Weltgeschichte noch jung ist, die Geschichte zeigt immer nur dieselben Menschen, mit gleichen Bedürfnissen, mit ähnlichen Leidenschaften, nur mit begreiflichen Abänderungen durch Lebensart, Kenntnisse, absichtliche Ausbildung; in dem Alten, Gleichförmigen, das mit einigen Verbesserungen sich während eines unabsehlichen Laufes von Jahrtausenden stets wiederholen wird, darin liegt das Wesen der Menschheit und darin sind die Mitgaben der Gottheit zu suchen" (s. Herbart), im Studium elementarer Gesellschaftsgedanken (unter den Variationen der Völkergedanken). „Im Menschen ist die Schöpfung abgeschlossen, aber mit dem Menschen öffnet sich wieder der Kreis des Geschehens für eine neue Welt, mit dem Menschengeschlecht an Stelle des Menschen" (s. Schelling), als Zoon politikon (eines „Règne humain", humanistisch oder ethno-anthropologisch).

Nicht nach vorgültigen Musterbildern (Plato's) hat Gott die Welt geschaffen (s. Irenäus), weil sonst die Vorbilder andere Vorbilder voraussetzen würden (im „Regressus ad infinitum"), aber ihre Reflexe haben dem geistig geklärten Auge zu leuchten, in den idealen Schöpfungen auf gesellschaftlicher Sphäre, bei (soweitiger) Durchschau des Dharma, unter Einheit physischen und moralischen Gesetzes (aus kosmischen Harmonien).

Der leidenschaftlich in Zweifeln, (unruhiger Bewegung), schwankende πάϑος, (unter schmerzlichen Gebrechlichkeiten „pathologisch" bedrückender „Dukha", die Arzenei eines Heilswortes erwartend), hat sich in Selbstsetzung (sva-dah) zum ἦϑος (ethisch)*) zu festigen, zur Richtschnur des Handelns (unter gültig herrschender Weltanschauung), und die von dem Einzelnen ersehnte εὐδαιμονία wird nur bei sympathischem Einklang mit ethnischer Umgebung vor Störungen bewahrt bleiben können (im thatkräftig angestrebten Zustand der Ruhe).

Jeder Hedonismus setzt als Vorbedingung den Zustand der Gesundheit voraus, also bei solchen, die nicht unter constitutionellen Krankheiten

---

*) Pertinet ad mores, quod ἦϑος vocant (s. Cicero). Mos (a modus vel a νέμος), institutum, consuetudine usuque firmatum, sive bonum sive malum (s. Forcellini). Πάϑος atque ἦϑος (ex eadem natura), amor, πάϑος, caritas, ἦϑος, interdum diversa inter se, namque πάϑος concitat, ἦϑος solet mitigare (s. Quintilian). Κυριώτατον γὰρ οὖν ἐμφύεται πᾶσι τότε τὸ πᾶν ἦϑος διὰ ἔϑος (s. Plato). Mit ἦϑος, als Wohnung oder Stall (b. Homer) gehört ἔϑος (Sitte) zu (sanscrt.) sva-dha, als „Selbstschätzung" (b. Kuhn). Παρὰ τὸ ἔϑω, ἔϑος καὶ ἔϑος, τὸ ἐξ ἔϑους τι διαπράττειν, ἑκάστῳ γὰρ ἐστὶ ἴδιον ἔϑος ἐπίσης (Etmlg. M.). Ἑκός (οὐκ ἐκός) εἰμι (ἔτος, ἔτεος ἄρα), ἔϑος, εἰρηταί παρὰ τὸ ἐτεόν, τὸ ἀληϑές (ἦϑος, ὁ τρόπος, παρὰ τὸ ἔϑος, ἦϑος).

g*

(und demgemäss dadurch vorwiegendem Gesammteindruck) leiden, das normale Fungiren der körperlichen Ernährungsprocesse vorerst, und sodann hätte der „Appetitus intellectivus" (b. Thom. Aq.), nachdem erweckt, seine naturgemässe Befriedigung (aus vernunftgemässer, nämlich: moralgesunder, Lebensweise) zu erhalten (mit idealen Schöpfungen für eigenwillige Befriedigung in solchen).

Die „Vernunft-Ideen" (s. Kant) vermögen nicht nur für die Naturerkenntniss nichts beizutragen, sondern können selbst „entgegen und hinderlich sein" (wenn Incongruentes durcheinander gemischt wird), weil einem verschiedenen Gebiete angehörig, mit der „Moralphilosophie" als practischer Consequenz aus der „Naturanlage des Menschen" (oder menschlichen Geistes), und dembezüglich hat die Psychologie die verbindende Brücke vorher zu schlagen (im naturwissenschaftlichen Anschluss). „Nur, was mit dem Massstab dichterischer Reinheit und Grösse gemessen, Bestand hat, darf beanspruchen, einer Generation als Unterweisung im Ideal zu dienen" (s. A. Lange), und hier treten beim Ueberblick der Völkergedanken die ethnischen Verkörperungen entgegen, im idealen Gestaltungsschaffen (religiös-rechtlicher Weltanschauung), um entsprechenderweis die Grundlehren der Ethik (wie im jedesmaligen Falle dafür gültig) ihren allgemeinen Gesetzlichkeiten nach abzuleiten (mittelst comparativ-genetischer Methode der Induction).

Die Einzelnen „Wir", die im Staatsvertrag (aus gesellschaftlicher Naturanlage) zusammengetreten, von dem Verschlingen solches „Leviathan" sich bedroht uns fühlen, suchen wohlberechtigt die Rechte der Einzelheiten zu sichern, für das Individuum, soweit mit dem Besten des Gemeinganzen, (und also des eigenen), vereinbarlich (zum gesetzlichen Ausgleich). Ein Jeder wird seine privaten Interessen bis zu den Extremen verfechten, auf constitutionell gangbar gemachten Wegen. Darüber hinaus tritt der chaotische Zustand staatlicher Neuschöpfung ein, unter den Gefahren der Wahrscheinlichkeitsberechnung (mehr-wenig günstiger Lotterie), mit der Frage über das Recht des Volkes zur Revolution. Ein Recht gilt nur für die Entscheidung eines urtheilsfähig eingesetzten Tribunals, sei es unter moralischen oder theologischen Maximen, sei es nach juristischen (im Recht des Stärkeren stets, auch für ideale Gesichtspunkte)*). Wenn vor dem eigenen Tribunal dem Volk ein Recht der Selbstumgestaltung sich zu rechtfertigen schiene, würde die Erwägung bleiben, wieweit ein solcher Majoritätsausdruck, (im Hinblick auf etwaig qualitatives Vorwiegen der Gründe über Quantität), vernunftgemäss dem Gesammtbesten heilsam sei,

---

*) Tout devient légitime pour le salut public (s. Helvetius). Die intelligible Welt gestaltet sich (ethisch) in der Eigenschaft eines Reiches der Zwecke (b. Fries). Im Anschluss an aristotelische Ethik gilt als oberstes Moralgesetz der Wille Gottes (b. Melanchthon). Das Laster ist für die Blüthe eines Staates ebenso nothwendig, wie der Hunger für das Gedeihen des Menschen (s. Mandeville). Metus potentiarum invisibilium, sive fictae illae sint, sive ab historiis acceptae sint publice: religio est, si publico acceptae non sint: superstitio (s. Hobbes). In der „Civitas Solis" (als Staat) sind die Priester und Philosophen zur Herrschaft berufen (bei Campanella).

und so, (wie immer und überall), liegt der Ausgang im Facit des End-
resultats beim logischen Rechnen und seiner Richtigkeit (ob zum Nutzen
oder Schaden), da bei unsicherer Intuition (aus Generalisationen) die Einzelnheiten den Ausschlag zu geben haben, je nach den über die Verhältnisswerthe adäquat gefolgerten Gleichungen, weshalb zunächst das Wissen
(in der ἐπιστήμη) zu klären bleibt, aus „Avixa“, dem Bythos eines Nicht-
wissens (als Grund des Uebels). Mit richtiger Einsicht ordnet sich Alles
zweckentsprechend und zielentsprechend in der Welt (während der Blinde
im Dunkeln tappt, bei verschleierter „Welt der Vorstellungen“).

Betreffs der Menschenwesenheit (περὶ ἀνθρώπου φύσεως) gilt τὸ ὁμο-
λογουμένως ζῆν (b. Zeno Kt.), κατὰ φύσιν (b. Speusippus), zunächst gesellschaftlich, denn τέλος εἶναι τὸ ζῆν ἀκολούθως τῇ τοῦ ἀνθρώπου κατα-
σκευῇ (s. Cl. Al.), im Staat, für kosmopolitische Erweiterung im inter-
national über die Erde gebreiteten Verkehr (der Nationalitäten). Die
Natur hat den Menschen für die Gesellschaft organisirt (s. Volney), als
Zoon politikon (b. Aristoteles), mit seiner Erweiterung durch staatlich-statt-
liches Erdenhaus hindurch (im Menschengeschlecht). Jede „Samhälle“
oder Gesellschaft (als lebendiger Organismus) hat seine eigenthümliche
Phänomenwelt (s. Boström), als Weltanschauung zur Auffassung der
Völkergedanken (in jedesmaligem „phänomenon bene fundamentum“).

Die „speculative Ethik“ (s. Steinthal), „soll zeigen, was wir heute
als für uns sittlich ansehen, ja sogar, was wir in naher Zukunft als für
uns sittlich ansehen werden; dies zeigt sie so, dass sie nachweist, sowohl
welch allgemeine Bedeutung die Ideen zu allen Zeiten für die Menschen
hatten, als auch, welchen Sinn sie für uns heute haben, und wie derselbe
noch zu erweitern und zu vertiefen ist“ (1887). Die ethnische Ethik
geht für gleichen Zweck der Darlegung den Weg comparativ-genetischer
Methode, aus den thatsächlichen Anschauungen der in realen Verkörperungen vorliegenden Völkergedanken, und würde dann mit der „an-
gewandten Ethik“ (s. Jodl) auf das sociologische (oder socialistische) Gebiet gerathen (zur practischen Prüfung). „If the primary assumptions are
taken from within and you proceed by light of self-knowledge to interpret,
what is objective you have a psychological system of Ethics“ (s. Martineau).
Erfahrungsobject und gegeben ist die thatsächliche Existenz sittlicher Verhältnisse (s. Avenarius). Die Gesellschaft (öffentliche und besondere) ist
„moralische*) Persönlichkeit“ (s. Boström) im Gesellschaftskörper (des
Zoon politikon).

---

*) Die Tugend als Gefühl ist werthlos, wenn sie sich nicht durch Handlungen
bethätigt (s. Rolph). The dictates of utility are neither more nor less, than tho
dictates of tho most extensive and enlightened benevolence (s. Bentham). Die
„Ordo amoris“ (b. Aug.) entspricht der „Caritas sapientis“ (s. Leibniz). Le profit de
l'un est le dommage de l'aultre (s. Montaigne). „Dans la morale, la seule loi absolue,
c'est de ne jamais agir comme si l'on possédait certainement l'absolu“ (s. Fouillée).
Ἐπιτείνοντος τὴν εὐδαιμονίαν φησὶν Ἐπ' εἶναι πλείω ἐν τοῖς κατὰ φύσιν ἔχουσιν, ἢ ἐν
ἀγαθῶν (s. Clem. Al.). Homo sum, nihil humanum a me alienum puto, gilt wie
ethisch, ethnisch auch (in der „Lehre vom Menschen“).

Die Ethnologie hat für objective Umschau „mediam in rem" einzutreten, und wenn bei der Fülle der Citate oberflächliche Ansicht mit
chaotisch buntem Wirrwarr sich bedroht findet, wird tiefer gesenkter Einblick den Zusammenhang vielmehr vereinfacht treffen, bei vermindernder
Zahl gesetzlich leitender Grundlinien in den Elementargedanken (auch für,
perplexabiliter, verblüffende Complexe metaphysisch transcendentalster
Speculationen). Bei dem Durchblick aller Zeiten und Völker in der
Menschheitsgeschichte auf dem Erdenrund könnte die beschränkt abgekürzte
Vereinfachung, — (jetzt, wo die buntscheckig gemischte Masse im Netze
schmaler Streichungslinien zur Klärung ansetzt) —, mit monoton gleichartiger Einförmigkeit fast erschrecken, wenn sich nicht gleichzeitig, nun
eben, unermessene Arbeitsfelder aufzuöffnen begönnen, für die gesetzlich
variirenden Differenzirungen, (in der Chronologie und Chorologie geographisch-historischer Sonderheiten), um sie in den feineren Nuancirungen
(eines organischen Wachsthumsprocesses der Völkergedanken) auszuver-
folgen, bis in minutiuses Detail (nach comparativ-genetischer Forschungsmethode). Ehe zwischen Ethikotheologie oder Physikotheologie eine Wahl
getroffen wird, sind in ethnischer Ethik die Facta selber festzustellen, in
thatsächlichen Anschauungen, um daraus die leitenden Principien abzuleiten; im Einklang mit des Kosmos' Harmonien und ihrem Wiederhall
auf Erden, in menschlicher Welt (der Vorstellungen).

Aus dem Wasimseienden oder Im-Was-Seienden (τὸ τί ἦν εἶναι)*) ist,
da das Allgemeine dem Einzelnen (οὐσία) immanent (ἐνύπαρχον), ἡ κατὰ
τὸν λόγον οὐσία zu klären, durch den Begriff, der seines φάντασμα bedarf (s. Aristoteles), und da zu der (unwillkührlichen) Erinnerung (μνήμη)
von dem Beharren (μονή) der sinnlichen Eindrücke her, das (absichtliche)
Sicherinnern (ἀνάμνησις) tritt, kommt aus dem Θεῖον (des νοῦς) das Ideale
zur Geltung, nicht χωρὶς τὴν οὐσίαν (b. Plato), sondern (aus dem Sein)
innerlich entwickelt durch die ψυχή in Einheit der Principien (τὸ εἶδος, τὸ
ὅθεν ἡ κίνησις, τὸ οὖ ἕνεκα), und mit dem πρῶτον κινοῦν, als reiner
ἐνέργεια (ohne ὕλη), folgt dessen Denken (νόησις νοήσεως).

Indem also aus dem Seienden (als gegeben), das Allgemeine dem Einzelnen bereits immanent liegt, die Hervorentwicklung demnach einsetzt, mit
einer (weil verhüllten Ursprungs) fraglich gestellten Bewegung, drängt das
Eidos (ἡ μορφή καὶ τὸ εἶδος) zu (idealer) Gestaltung, unter Hinrichtung auf
das Weswegen im τέλος (der Entelechia), und zur Beantwortung (über ὁπότε
ὄν im ὑποκείμενον) beginnt die Aufhellung mit Zutritt des νοῦς in einem Erst-
bewegenden, aus voller Freiheit der Energie, unbeschränkt auch betreffs Aus-

---

*) Τό τι ἦν εἶναι (b. Aristoteles), le être quelque chose, ou le être ce qu'il est,
ce qui fait être quelque chose ou ce qui fait, qu'une chose est ce qu'elle est
(s. Ancillon). Der Grund aller Bewegung, oder die Gottheit, ist überhaupt das
reine Wesen, die absolute Form (τὸ τί ἦν εἶναι τὸ πρῶτον), die schlechthin unkörper-
liche Substanz (s. Zeller). Τὰ αἴτια λέγεται τετραχῶς, ὧν μίαν μὲν αἰτίαν φαμὲν εἶναι
τὴν οὐσίαν καὶ τὸ τί ἦν εἶναι (ἑτέραν δὲ τὴν ὕλην καὶ τὸ ὑποκείμενον, τρίτην δὲ ὅθεν
ἡ ἀρχὴ τῆς κινήσεως, τετάρτην δὲ τὴν ἀντικειμένην αἰτίαν ταύτῃ, τὸ οὖ ἕνεκα καὶ τἀγαθόν,
τέλος γὰρ γενέσεως καὶ κινήσεως πάσης τοῦτ' ἐστίν).

schlusses von der μεταβολή, in Beziehung auf γένεσις und φϑορά (bei der ὔλη).

Da nun ἐν τοῖς εἴδεσι τοῖς αἰσϑητοῖς τὰ νοητά ἐστιν, so klärt, (dem ἐπιστητόν das νοητόν zufügend), der auf der „tabula rasa“ oder (Locke's) „white paper“ (des γραμματεῖον) aus der μονή (sinnlicher Erinnerung) die Eindrücke (als παϑητικός) empfangende „Nous“ diese (als ποιητικός) für ausfüllende Ergänzung (der στέρησις) durch den λόγος, (sofern solche πρώτη φιλοσοφία eine ϑεολογική), indem bei (psychologisch) richtiger Behandlung der Denkobjecte (im φάντασμα), aus gesetzlich harmonischer Wechselbeziehung, (wie zwischen Aromana und Ayatana, für die Bodhi des Dharma), ἡ κατὰ τὸν λόγον οὐσία, als der λόγος τῆς οὐσίας (im Daseienden), zum Anfang (der ἀρχαί) zurückgelangt sein würde, um dessen Räthselfragen zu lösen (kraft logischen Rechnens). Hierzu, für Verwendung comparativ-genetischer Methode der Induction (bis in das Transcendentale hinaus), bedarf es einer naturwissenschaftlich durchgebildeten Psychologie mittelst des, durch die Hülfsmittel der Ethnologie beschafften, Materiales der Völkergedanken, denn Ἄνϑρωπος φύσει ζῶον πολιτικόν (h. Aristoteles) und γενομένη μέν οὖν τοῦ ζῆν ἕνεκα, οὖσα δὲ τοῦ εὖ ζῆν (ἡ πόλις), zum sociologisch-nationalen Ausgleich, sowie betreffs individueller Reduction zugleich, aus dem Gesellschaftsgedanken für Feststellung des Ziffernwerthes (im eigenen Selbst), unter practischer Erfüllung der (dem νοῦς πρακτικός) pflichtgemäss gestellten Aufgaben (im ethischen Gefühl). Ποιεῖ δὲ τὴν ἡδονὴν ἑκάστοις τὸ κατὰ φύσιν οἰκεῖον („suber snac fortunae nuus quisque est ipsus“), und so, in allen Sachen, fährt am Besten, wem es um seine Sache Ernst ist (zur Wohlfahrt in moralischer Gesundheit).

Neben dem, durch körperlich eingebettete Nerven, Gefühlten, kommt sinnlich zur Empfindung, was aus äusseren Reiz-Agenten angeregt ist, wie für das Auge, mit dem Licht, das, den Dingen auffallend, diese sichtbar macht, und ausserdem versteht das Denken, was aus somatischen Wurzeln, (deren genauere Kenntniss angeborene Ideen abweist), nun etwa verständlich, wenn mit einer, von jenseitigem Hintergrund herantretenden, Gottheit in Beziehung gesetzt (pantheistisch). An deren Stelle thronten oberhalb des Himmelsgewölbes, die nur dem „Nous“ zugänglichen Ideen, wohin (zu überhimmlischem Ort) die Seele auffährt, gleich der des arktischen Sehers für Berathung mit den Angekok Poglit*), wie andrerseits

---

*) Die „geheimnissvolle Auffahrt der Seele zum Himmel“ (b. Bernhard von Clairveaux) führt (mystisch) von der „Dilatatio mentis“ (s. Richard von St. Victor) durch die „sublevatio mentis“ zur „alienatio mentis“ des Verrückten (oder Entzückten), bei Geistesabwesenheit im (epileptischen) „Morbus sacer“ oder (b. Celsus) „Morbus attonitus“ (kataleptisch), wenn Odhin's Körper todt liegt (beim Seelenrausch aus Mimir's Bronn). Bei den Naturstämmen verbleibt es noch in der Familienform der Ahnen, während in der „Respublica“ des hellenischen Philosophen die Vergötterung auf Gesetzgeber und Weisen (σοφοί oder σοφισταί) trifft (dämonisch). Der Schamane führt aus in dem die Vorfahren feiernden Gesang, maniakalisch ergriffen, und die Begeisterung (μανία) packt im Streben des Sterblichen nach Unsterblichkeit (τὸ νοεῖν τι φϑαρέντων), um τὸ αὐτὸ Ἱππότον zu erfassen, durch ἱλικρινῆ διάνοια im (geistigen) Sonnenlicht (ὔλη), mit Wärme (des Gefühls), wenn der Zeugungs-

unterweltlich niedersteigend, zu Torgarnsuk und seine Grossmutter (des Teufels).

Indem bei den Ideen (αὐτὰ καθ' αὑτὰ) eine unveränderte Auffassung sich geltend macht, auf höheren Regionen, verschieden von den irdischen, würde in jenen, wie in diesen, ein, den Objecten auffallendes, Beleuchtungs-Agens wirken (für die εἴδη νοούμενα), anstatt der optisch gesetzten Sonne: Dasjenige (κατὰ τὸ εἰκός), wovon sie als Abglanz*) erscheint (gleich Illatici-Viracocha, εἰκὼς μῦθος), für das idealistisch geklärte Auge des Gesellschaftskörpers (in sprachlicher Entwicklung ausgewachsen).

So auf idealer Sphäre, mit den Ideen des Guten, als μέγιστον μάθημα (b. Plato), ordnet sich der moralische Organismus, wenn emporblühend in politisch geistiger Gesundheit (des Zoon politikon).

Wenn nun, mit ἀκαταληψία eines θεός ἄγνωστος (in Unbegreiflichkeit) nicht beruhigt, zur theoretischen Erklärung ἡ τοῦ διαλέγεσθαι δύναμις in Kraft tritt (mit Plato's Dialektik), die Idee (des Schönen), als αὐτὸ καθ' αὑτὸ μεθ' αὑτοῦ (μονοειδὲς ἀεὶ ὂν) setzend (am τόπος νοητός), würde allerdings der aristotelische Einwand, dass die Ideen wieder andere Ideen,

---

trieb (bei Hervortreten seiner Organe in „zweiter Geburt"), als Liebe oder „Eros" (b. Plato) zu wirken beginnt, aber nicht am sinnlichen Pol, für „Urpole des Lebens" (b. Kieser), sondern an dem dialektischer Methode als „Gabe der Götter" (im „Feuer des Prometheus"). „Dass die philosophische Erkenntniss immer auf eine kleine Minderheit beschränkt sein müsse, ist Plato's entschiedene Ueberzeugung" (s. Zeller), für die Menge (zur Erziehung) dienen die μέθα ψευδεῖς (tadelnswerth ἐάν τις μὴ καλῶς ψεύδηται). Hier kommt es auf die Familie zurück, Kinder zu zeugen, den Sohn vor Allem, um den Pitri ihre „Jasta" zu gewähren (in bramanischer Bürgschaft für die Zukunft). So lebt die Stammesseele fort, als „Bia", im Traducianismus Guinea's, und da die „Kla" aus der Praeexistenz bei Mawu herabgekommen ist (in den σῶμα oder σῆμα hienieden), eignet ihr auch die Anamnesis, für horoskopische Priesterdeutung ausnutzbar, wenn zeitig genug für Befragung avisirt, — von der, bei den Azteken autonomer gestellten, Hebamme (oder Tleitl), — während sie an den Höfen der Chutukten, (nach der für den tibetischen Papst approbirten Etikette), allmähliger erwacht, (für die Bodhi der Buddha), nachdem man ihr im Kinderspiel die während früherer Existenz gebrauchten Geräthschaften ausgebreitet hat, damit sie dieselben wieder erkenne, (und so die Genuität erprobe, oder ihre Legitimität). Solch astrologischem Beweismaterial, (für den „Occultismus" nihilistischer Gegenwart), muss dagegen entsagt sein, wenn die Seelen „quotidie" neu geschaffen werden, „ex nihilo, solo jussu creatoris" (s. Wilhelm von Conches), nicht „ex traduce" (wie wieder für die Erbsünde bequemer). „Den auf dem Wege des Denkens nicht zu erklärenden Uebergang der Idee in die Erscheinung durch Bilder zur Anschauung zu bringen" (s. Steinhart), bezweckt der „Mythus" (b. Plato), und da in den Völkergedanken solche Bilder objectiv bereits vorliegen, (aus ethnisch-religiöser Weltanschauung), gilt es hier der Materialbeschaffung, weil reiche Erfolge versprechend (für Verwendung inductiver Methode).

*) Der denkende Urgrund ist das schlechthin Gute (τὸ ἀγαθόν); „zu seinem Gleichniss in der sinnfälligen Welt ist von dem Guten die Sonne hervorgebracht" (b. Plato); nicht unmittelbar, sondern mittelbar in seinen Wirkungen wird Gott von uns erkannt (s. Reinhold); beim „principio de todas las cosas erradas y padre del Sol" (s. Herrera) in Peru, (aus Tuapaca's oder Arnava's Lehre), cf. „Cltrl. d. a. Am." III. (S. 85), oder (für des Goldlands Gold) „chymisch unterirdischen Sonnenglantz" (1728).

(vom αὐτοάνθρωπος zum τρίτος ἄνθρωπος etc.), zu fordern hätten (mit Bedrohung der Aeffung durch einen „Regressus ad infinitum“), in dem, von jener Gottheit erfüllten, Hintergrunde verschwinden, aus dessen Wortgeist, hervorgerufen (im Logos) durch σημαντικὴ φονή (b. Porph.), — denn „omne nomen aliquid significat“ (s. Fredegisus) —, sie zur Verwirklichung (oder Incarnation) gelangen könnten (für den religiösen Glauben), aber das mystisch umhüllende Dunkel dadurch noch nicht erhellt sein (im Licht des Verständnisses).

Hier deshalb, die Immanenz zu wahren, (δόξειεν ἂν ἀδύνατον, εἶναι χωρὶς τὴν ὀυσίαν καί οὐ ἡ οὐσία), im Auseinanderlegen des dialektischen Processes, muss derselbe mit den ihn selbst gefesselt haltenden Gesetzlichkeiten zu ringen suchen, um Klarheit zu gewinnen; und wenn sich den sinnlichen Stützen (der „Ayntana“) gegenüber, die „Aromana“ symbolisiren (wie im Sinnlichen für Uebersinnliches oder Ueberirdisches), mögen diese für rationelle Fassung zugänglich sich erweisen, sofern gefasst und gepackt bei den in gesellschaftlicher Atmosphäre schwebenden Völkergedanken, als Spiegelungen aus dem, im Ruhen des Bewegenden, Unbewegten (in letzt-erster Ursache, eines πρῶτον κινοῦν), unter (labil) schwingendem Gleichgewicht, am Ruheort („Malac totoa“, stillen Weltmeers) beim Nirwana, worin (unter Ausgleich physischen und moralischen Gesetzes) das „Dharma“ sich erfüllt (zum Pleroma).

Nihilum (omnino totius essentiae privationis nomen) „vocabulum est absentiae totius essentiae“ (s. Erigena), ac si de nihilo facit omnia, de sua videlicet superessentialitate producit essentias, de supervitalitate vitas, de superintellectualitate intellectus (Gott). Dann liesse es für die Schöpfung sich einsetzen nicht zwar im „Nihil pure negativum“ (als οὐκ ὄν), sondern mit dem „Noch-Nicht“ eines „Kore“ (μὴ ὄν). „Inter aliquid et nihil est informis materia“ (b. Mamertus), zum Einschlagen jenes halbbrecherischen Mittelweges, auf welchem der metaphysische Salto-mortale leicht in's Nichtsein um- (oder über-) schlägt, wenn nicht anhaltend an das, was im Vorhandensein gegeben (zum Ausgang des logischen Rechnens).

Was aus Theophilus bischöflicher (392 p. d.) und Amr's (640 p. d.) militärischer Zerstörung aus dem „Nutrimentum spiritus“ (im Serapeion) übrig geblieben, wurde mit des (attischen) Areopagiten Uebersetzung durch Scotus († 887 p. d.) in das damals (unter seinem „Calvus“) litterarisch (auch an der „schola palatina“) noch kahle Frankenland übergeführt (vorbehaltlich der Drei, bei Speusippus' Auseinandersetzungen mit seinem Lehrer), sowie durch peripatetischen Widerhall des Dichterverses (εἷς χοίρακος ἔστω) in islamitischer All-einheitslehre unter Almamum's († 833) Chalifat, bei späterem Echo (von „regula et exemplum“) in Sevilla und Cordova, nebst anti-maimonistischen Zuthaten aus Rabbi Akiba's Buch der Jezirah (seit abrahamitischem Patriarchenthum); worauf dann in Greathead's (oder Grossetestes) platonisch-aristotelischer „olla podrida“, während scholastischer Schul-Controversen (realistischer oder nominalistischer Praedilectionen), die „theologia naturalis“ und „theologia revelata“ unter einander geriethen und Sirach's Spruch vom: „Nichts Neues unter der Sonne!“

sich bewahrheiten wollte; bis auf classische Renaissance die geographische
Erdenreform gefolgt war und damit der ethnische Einwand (vom „Semper
quid novi").

> „Wer kann was Dummes, wer was Kluges denken,
> Was nicht die Vorwelt schon gedacht"

spottet Mephistopheles, und dies schien durch das Gewaltsame der Kata-
strophe in ethnologischer Fachwissenschaft selber bestätigt. Was jedoch
dort mit „trostloser Vorstellung" überfiel (noch im Jahre 1874), das beginnt aussichtsvoll sich zu enthüllen, als schönster Trost, im festgesicherten
Anhalt an die Ueberzeugung, dass auch für die im Geistigen waltenden
Gesetze eine Klärung anhebt (mit verdeutlichtem Einblick).

Als naturgemäss gegebener Elementargedanke findet sich bei dem,
zum Grundübel (ältester Religion) vertieften, Schmerz der (durch Hoffnung auf Herstellung gestärkte) Vermuthungsschluss, den schuldigen Thäter
im Nebenmenschen entdecken zu können, als jenen bösen Zauberer überall,
den der „Hexenriecher" auszufinden hat, unter stark duftender Rasse
schwarzen Landes. Und wie in Afrika, in Australien, in Amerika, so
schreckten die Hexen und ihr dämonischer Spuk im civilisirten Continente
die unteren sowohl, wie die mittleren Gesellschaftsschichten, nicht nur
das Mittelalter hindurch.

Periodisch steigerte sich die Angst zu Paroxysmen, zumeist wenn ein
mächtig Hochgestellter sich bedroht fühlte, der nun in seinen blindlings
zur Vertheidigung geführten Hieben weit ausholte und weit hinausschlug.

So bei dem gegen das Leben der Kaiser (Valentinian und Valens)
gerichteten Attentat, wo der zur Rettung in Bewegung gesetzte Apparat
die Provinzen des Reichs (s. Ammian. Marc.) mit Verurtheilten, Verbannten
und Flüchtigen füllte. Als französische Könige die Giftmischereien des
Vaudoux in ihrem Körper zu spüren meinten (bis zu Karls VI. Wahnsinns-
ausbruch), loderten bald die Scheiterhaufen heller als je in Frankreich,
und so in England, als Lord Hungerford das auf seinen König Heinrich VIII.
abgesehene Verbrechen der Zauberei durch Hinrichtung gebüsst hatte (wie
der Earl of Mar in Schottland, Bruder Jacobs II.).

Selbst päpstliches Leben war nicht sicher (an Innocent's Hofe), aber
auch das Papstthum selber sah sich in Gefahr, und so bedurfte es der
Inquisition, um im gewaltsamen Ausspähen der beargwohnten Unthaten
den Verdacht solcher epidemisch zu verbreiten, und fortan deshalb liefen
die Verfolgungen von Ketzern und Zauberern durcheinander und miteinander her, bis die Reformation sich wieder mit den letzteren begnügen liess, um sie desto härter vorzunehmen, zumal „the sacred scrip-
tures, the common and only authority on faith among the different
sections of Protestantism" (s. H. Williams), die Ausrottung der Zauberer
mit dürrsten Worten anempfahl (auf hebräische Autoritäten hin), und
wie durch den „Malleus maleficarum" für päpstliche Bullen, wurde Alles
legalisirt durch die „Witch Act" des Parlaments, im Gründungsjahr
Grossbritanniens (1604), unter dem „Defender of the Faith", der muthig
bereits die höllischen Widersacher („assaults of Satan") zurückgeschlagen,

— („infernal despair and rage reached the climax, when the marriage with the danish princess was to be effected) —, als Verfasser der „Demonologie" in Edinburgh (1597). Um etwaige Sympathien für das Opfer (afrikanischer Hexenprocesse) „im Keime zu ersticken, und den Häuptling in ein Licht zu stellen, als sei er gewissermassen zu derartigem Handeln gezwungen, lässt er allmählig das Gerücht verbreiten, dass der Unglückliche im Verdacht der Zauberei stehe. Einige in dessen Umgebung vorgekommene Todesfälle geben den Dolus, und der Häuptling, getragen vom Scheine der Rechtlichkeit, Gerechtigkeit und der Sorge um das Wohl seiner Unterthanen, beruft nun eine feierliche Gerichtssitzung der Grossen seines Reiches ein. Jetzt treten die Wafumma in Action. Sie müssen durch Zaubermittel zu ergründen suchen, ob der Verdächtige wirklich ein Zauberer ist, oder unschuldig (s. Reichard). Indem durch die Folter immer Andere angegeben werden, „kommt es dann auf diese Manier soweit, dass die Richter entweder den Process fallen lassen und ihre Kunst begeben, oder aber die Ihrigen, ja sich selbst und alle Leute verbrennen müssten" (s. Spee). „Da kommen denn deren Weiber mit in's Spiel, die anfangs so hart gerufen und getrieben, dass man brennen und brühen sollte" (mit giftigen Zungen, soviel Zauber gemacht). „Man siehet klärlich, dass es ganz keine Zauberei geben würde, so man nicht glaubt, dass sie sei" (s. Bekker), aber der Glaube war eben mehr als baumstark, um selbst die Feuerprobe zu bestehen, in den Petitionen um fortgesetztes „Brennen" (so dass die darin lässige Obrigkeit sich leicht der Lauigkeit beschuldigt fand). Schon das „gemeine Geschrei" genügte zur Einleitung des Processes (s. Frölich), im Crimen exceptum (Carpzow's), „de certains dervis, qui n'entendent point raillerie" (in des Perrers Frankreich); ils tiennent pour règle de se déterminer du côté de la rigueur (1712). „In what degree or kind the Fetish-charms of the African savages are more ridiculous or disgusting than those popular in England 200 years ago, it would not be easy to determine" (1865), und diese Elementargedanken wirken auch heutigen Tages noch unverändert an ihrem Platz, wie die höheren Entwicklungsstadien auf den diesen zugehörigen (im psychischen Wachsthum der Cultur).

Für die Gesellschaftswesenheit des Menschen bildet die Sprache immanente Vorbedingung der Existenz — οὐ οὐκ ἄνευ (b. Aristoteles), ἄνευ ὧν οὐ γίγνεται (b. Plato) —, und in der sprachlich, durch Gedankenaustausch, geklärten Sphäre breitet sich die „geistige" Materie (als Hypokeimenon). „Die Aufgabe der Ethik in ihrem ganzen Umfange ist die Erforschung der vernünftigen Weltordnung, welche auf der freien Thätigkeit der Individuen hergestellt werden soll" (s. H. Ritter), aber, um ihren objectiven Ausgangspunkt zu gewinnen, anschaulicher Verkörperungen bedürftig bleibt; und solche sind gewährt, neuerdings, in den Völkergedanken, wie sie aus dem elementar gleichartigen Gesellschaftsgedanken bunt gebrochen vorliegen, nach geographisch-historischen Variationen (für logische Berechnung der Differenzirungen).

Alles kommt auf ein deutliches Verständniss hinaus, nach dem einem

Jeden gegebenen Maass (jedeigenen Werthes im Grossen und im Kleinen, wenn Quantitatives sich im Qualitativen annullirt): ἀληθἡς ἀρετή μετά φρονήσεως (b. Plato), denn unsittliches Handeln folgt aus mangelnder Einsicht (und in Richtigkeit derselben bewährt sich die Tugend eben, als tauglich). In geordneter Schönheit der Ideen, „von denen eine jegliche an ihrem Ort einzig vollkommen dasteht", vollendet sich die Gottheit, und neben theoretischen Fragen darüber (im kosmogenischen Weltgespiel), würden sich als nächstliegende dem Menschenverstand, zu eigenem Besten, die practischen anempfehlen, in der Ethik nämlich (die Principien des Gesellschaftslebens zu regeln), zumal sich dann zugleich auf ein innerliches Gewissen, (im Gewissen hin), der Weg geöffnet zeigt, nachdem aus den thatsächlich im Gesellschaftsgedanken gebotenen Anschauungen (unter ihrer Vielfachheit ethnischer Brechungen) das stützende Gerüst mit genügend zuverlässiger Sicherheit wird hergestellt sein, um den Aufbau einer „naturwissenschaftlichen Psychologie" wagen zu dürfen (zum krönenden Abschluss zeitgemässer Weltanschauung). „Socrates primus philosophiam devocavit a coelo" (s. Cicero), und des unterhimmlischen Reiches Reichs-Philosoph, der Scheng-Kung geistig gefürsteter Ahn, hat sein schwarzhaariges Menschengewürm zunächst auf die Einrichtungen des Erdenhauses hingewiesen, ehe man sich um das Obere viel Sorge machen sollte. Seit diese Nachkommen der (zu Anometus' Zeit) handelsbeflissenen Seres oder Attakoroi (Uttarakuru's in Utgardloki) sich ihre, — im Zeugniss der „Antichthonen" (unter Claudius' Caesarismus) —, röthlichen oder (gleich denen der Usun) blonden, Haare (s. Plinius) zu einem Zopf gedreht, haben sie im Tζίναζα (der Sinae) mit Auseinandersetzungen zu thun bekommen, seitens (barbarischer) „Rothhaare", welche die „Patent-Zöpfe" ihres Zopfstils dort wenigstens losgeworden sind, wo sie, nach Gall's Ermessen (und Ausmessungen), am „Hinterhauptsbein" die „freie Liebe" hätten beengen können (für freiesten Schwung der Emancipation). Bei Abglättung nationaler Eifersüchteleien, unter tagtäglich zunehmender Ausdehnung des internationalen Verkehrs, werden exotische Gedankenproducte (oder -Früchte) nicht zu verschmähen sein, wenn sie mithelfen wollen beim Entziffern jener „Welträthsel", wo unsere naturphilosophischen Nussknacker nicht viel zu Wege gebracht haben, (weder für die „böse Sieben", noch auch für allereinzigste Eins), und auf die besseren Erfolge der Naturwissenschaft allein nur noch ein letzter Hoffnungsfunke glimmt, — aus dem „Seelencentrum" (Plotin's), in Eckhart's „Funken" (als Syntheresis). Möge also, was im gäocentrischen Weltsystem mit der Deduction begann, im „naturwissenschaftlichen Zeitalter" zu ergänzender Vollendung gelangen, kraft der Induction (nach comparativ-genetischer Methode).

In demselben Verlage sind ferner erschienen:

Bastian, A., Prof. Dr., Beiträge zur vergleichenden Psychologie. Die Seele und ihre Erscheinungsweisen in der Ethnographie.
1868. gr. 8. geh.   5 Mk.

— Der Buddhismus in seiner Psychologie. Mit einer Karte
des buddhistischen Weltsystems. 1882. gr. 8. geh. 7 Mk. 50 Pf.

— Inselgruppen in Oceanien. Reiseergebnisse und Studien. Mit
3 Tafeln. 1883. gr. 8. geh.   7 Mk. 50 Pf.

— Der Völkergedanke im Aufbau einer Wissenschaft vom
Menschen und seine Begründung auf ethnologische Sammlungen.
1881. gr. 8. geh.   4 Mk.

— Völkerstämme am Brahmaputra und verwandtschaftliche Nach-
barn. Reise-Ergebnisse und Studien. Mit 2 Tafeln. 1883. gr. 8.
geh.   6 Mk.

— Vorgeschichte der Ethnologie. Deutschlands Denkfreunden ge-
widmet für eine Mußestunde. 1881. gr. 8. geh.   2 Mk.

— Zur Kenntniß Hawaii's. Nachträge und Ergänzungen zu den
„Inselgruppen in Oceanien". Mit 1 Tafel und 2 Beilagen. 1883.
gr. 8. geh.   4 Mk.

— Afrika's Osten mit dort eröffneten Ausblicken. Heft 1. 1885.
gr. 8. geh.   1 Mk. 20 Pf.

— Einige Blätter zur Colonial-Frage. 1884. gr. 8. geh. 75 Pf.

— Die Colonie der Tagesdebatte und coloniale Vereinigungen.
Einige Fragestellungen. 1884. gr. 8. geh.   1 Mk 20 Pf.

— Europäische Colonien in Afrika und Deutschlands Interessen
sonst und jetzt. 1884. gr. 8. geh.   1 Mk.

— Zwei Worte über Colonial-Weisheit von Jemandem, dem
dieselbe versagt ist. 1883. gr. 8. geh.   40 Pf.

— Indonesien oder die Inseln des malaischen Archipel.
    I. Lieferung: Die Molukken mit 3 Tafeln. 1884. gr. 8. geh.
                                                                 5 Mk.
    II. Lieferung: Timor und umliegende Inseln mit 2 Tafeln. 1885.
        gr. 8. geh.   6 Mk.
    III. Lieferung: Sumatra und Nachbarschaft mit 3 Tafeln. 1886.
        gr. 8. geh.   7 Mk.
    IV. Lieferung: Borneo und Celebes mit 4 Tafeln.
        befindet sich unter der Presse.

Druck von G. Bernstein in Berlin.